夢がかなうとき、「なに」が起こっているのか?

●

石田久二

SB
サンマーク
文庫

文庫化にあたって

合言葉は、書け！　バカ！　Ｎｏｗ！

もし来世にひとつだけ「人生のスキル」をもっていくことができるなら、オレは迷わず「紙に書くこと」をあげる。この地球に生まれたのだから、どうせなら思い通りの人生を送っていきたい。

健康であることはもちろん、お金だってあった方がいい。異性からモテないよりモテた方がいい。行きたいところに行き、会いたい人に会い、やりたいことをやりまくる。しかしそんな「思い通り」を阻むシステムが、オレたちの体内には組み込まれている。

それが「潜在意識」と呼ばれるものだ。

潜在意識は良い悪いの判断をすることなく、身に起こったあらゆる経験、情報を100%インプットする。幼いころに子犬にかまれて痛い思いをしたら、「犬＝痛い」とインプットして、それ以降、犬が苦手なままに大人になってしまう。

お父さんお母さんから「うちにはお金がない」と聞かされつづけていると、「お金＝ない」とインプットして、大人になってもなかなかお金に恵まれなくなる。

そのようなネガティブな経験は潜在意識において「恐怖、不安」として蓄積され、チャレンジや行動そのものを抑制してしまうんだ。

そのような状態だと「思い通り」の「思い」を語ることも、それ以前に「思い」をもちつづけること自体も難しくなる。

そこで突破口となるのが、まさに「書くこと」なのだ！

たとえばベタだけど「月収100万円」てな願いがあったとする。強く念じようとしても、心の中のもうひとりの自分が「無理かも」と打ち消してしまうかもしれない。また目標を語ろうにも、誰かに語るのはちょっと恥ずかしいし、語った言葉は中空に消えてしまう。

しかし、「月収100万円になりました」と紙に書いた筆跡は消えることはない。人に見られることもない。もちろん月収100万円に向けて、「恐怖、不安」を抱える潜在意識は書くこと自体に抵抗するかもしれない。

だからこそほんの少しの意思力で書きつづけることができたら、潜在意識もそのうち根負けして月収100万円を受け入れてしまう。そして忘れたころに、その願いが現実になってるってメカニズムだ。

まさに「書けばかなう」のだ。だったら、書かなきゃ損だし、人生の中で少しぐらい自らの夢や願望に向き合う「100日」があってもいいではないか。自分ひとりで書いていても失うものはない。書くことで本当にかなったら儲けものくらいだ。

だったら書こう！　ノートとペンを手にして、今すぐ書こう！　バカになったつもりで書きまくろう！「書けばかなう」はまさに書け！　バカ！　Nowなんだ！

世界に羽ばたく願望実現の秘伝！

2014年に上梓した『夢がかなうとき、「なに」が起こっているのか？（通称「夢なに」）』は発売すぐに好調な売れ行きを見せ、2か月で5万部を超えるちょっとしたヒット作になった。本書で紹介する「秘伝」を実践すると忘れたころにかなっている。口コミが口コミを呼び、日本全国はもちろん海外にも飛び火した。

なかでも韓国では『3つの願い、100日の奇跡』と改題され、今もなお版を重ねているそうだ。韓国の有名女優、ユーチューバーらにも取り上げられ、各SNSでも絶賛の様子をうかがうことができる。

実は2017年9月に、オレは韓国の版元さんを訪ねることができた。それも福岡から釜山、ソウルと自転車で行き、編集部の皆さんとの会食の後、インタビューを受けたりもした。そのとき、担当の編集者の方とは「産休のため」お会いすることができなかったが、社内的にこの本は大きく話題になっていた。

というのも、その女性編集者さん自らが秘伝を実践し、結婚や出産、仕事に関する願いをあり得ないレベルで実現してしまったからだ。その方はいまでは元の出版社の部門を引き継ぎ、新会社の代表となっている。その社名がなんと「Three Wishes（3つの願い）」となっているのだから胸アツだ！

そして面白いことに、韓国の読者さんから直接、メッセージをいただくこともしばしば。中国、台湾、香港、ベトナムにも熱い読者さんがいらっしゃる。

このように「書くこと」を軸とした秘伝は文化や宗教の垣根を超え、願望実現のための再現性あるメソッドとして多くの人に実践され、効果を上げている。

ノートに100日間書きつづける真意

ではオレ自身はあれからどうなったか。「自転車で旅をしながらトークライブする」なんかは2014年の出版直後から始めているが、いつの間にか日本全国を行き尽くしてしまい、いまは47都道府県すべてでの自転車トークライブに挑戦し、実はこの文章をその途上「熊本」で書いている。

それ以外にも収入は順調に右肩上がり、年収4000万円にまで倍増した。健康や体重に関する目標もほぼクリア、さらには大好きなジャズ専門の会社を立ち上げ、次々と作品をリリースしている。気がつけばほぼほぼ思ったことは実現しているし、今後もかないつづける実感はある。

このメソッドはそれほど万能なのか。だったらたとえば宝くじで3億円当てる、有名女優と結婚する、オリンピックで金メダルを取る、月に行く、みたいなおよそ無謀と思えるような願いもかなってしまうのか？

もちろん可能性は否定しない。しかしじつをいうと、この秘伝の画期的なのが、「100日間で書いている願いを変えてもいい、変えることを推奨する」ってところにある。たとえば「宝くじで3億円当てる」を100日間書きつづけるとしよう。

でもよくよく考えると、自分は本当に3億円を願っているのか。3億円で何をしたいのか。じつは納得できる理由はあまり見当たらない。せいぜい漠然としたお金の不安をなくしたい、人から注目されたい、程度のもの。

でもいっとくけど、3億円あっても不安はなくならないし、人からの注目も一時のもの。当たる前より不幸になるって調査結果さえある。本当の意味での幸せにとって、3億円は無関係か、むしろ害悪になることさえある。

ノートに向き合う100日間とは、じつは自分にとっての「本当の願い」を見つける旅なんだ。最初は宝くじで3億円と書いてもよい。でも途中でなんか違うよねと違和感をもち、「収入アップにつながる出会いがありました」と書き換えていい。

何度も何度も書き換え更新する。するとどんどん「本当の願い」に近づき、最後はどうなるか。

かなう願いしか思い浮かばなくなる、となる。

いまのオレはまさにそれ。セミナー、YouTube、旅、ジャズ、自転車、物書き、スピリチュアル、もちろんプライベートも極めて充実している。本当にやりたいことしかやっていない。会社を上場させたいとも思わない、年収1億円にも興味ない、ハーレム状態などもってのほか。

そんな、願ってもないこと、かなうはずないし書きたいとも思わない。でも、書いたことはほぼほぼかなうし、もはや「かなうことしか願えない」ようになっているだけ。だから、願ったことはすべてかなう。チート級にかなう。それが秘伝の真の威力であるといえよう。

人生は「どん欲」でいい！

今回、なんと8年越しに『夢なに』が文庫本になる。オリジナルは枕になろうほど分厚い本だったが、文庫になると持ち運びも便利だろうし、プレゼントにもより最適だ。

改めてだけど、やっぱり夢はかなえてナンボだと思う。世の中、夢をかなえるツールはたくさんあるが、秘伝、そしてノートを使ったメソッドもそのひとつとして立派に数えられるだろう。

2021年、オレの高校の仲良かった先輩が立て続けにあの世に旅立っていった。また、世界的にも100年に一度の大きなパンデミックが到来し、ウイルスそれ自体による病死だけでなく、経済閉鎖による失業、倒産の死も相次いでいる。

人はいつ死ぬかわからないが、必ず死ぬ。宇宙レベルではきっと決まっているのだと思うから、じつのところジタバタしても仕方ない。そこで人生は空しいと夢をもたずにさとり顔で生きるのもひとつだろう。

だけど、いつか死ぬからこそ、この地球にいる間にやりたいことをやり尽くそうってのも立派な生き方だと思うし、オレは圧倒的にそっち派だ。そしていくつになっても夢を捨てる必要もない。オレはミュージシャンにはなれなかったが、ジャズのプロデューサーにはなれた。本もたくさん出しているし、好きな旅も割と自由だ。さらにいま、全米デビューを夢にがんばっている。

人生は「どん欲」でいいと思う。それは「貪欲」であり、「どんどんよくなる」をかけている。去年より今年、今年より来年。昨日より今日、今日より明日。どこかよくなっている自分を楽しみ、「一休さん」で知られる一休宗純じゃないが、「死にとうない」と言いながら旅立っていきたい。つまりこの地球が楽しくて楽しくて仕方なかった。もっともっとやりたいことがある。名残惜しい。そんな素直な気持ちでいつかは旅立ちたい。

これからも夢を思い出し、そしてかなえていこう。そのためにこの『夢なに』があなたや家族、友達の人生をよりよくするツールとして使い倒されて、たくさんの夢をかなえるバイブルになることが、いまのオレにとっての最大の「夢」なんだ！

2022年2月　　石田久二

◆この本で紹介する「宇宙の法則」で夢をかなえた人の声

●会社の利益が2・5倍になった（40代男性、福岡県）

●30万円の臨時収入があって、彼とハワイ旅行に行けた（30代女性、大阪府）

●婚活に疲れてあきらめかけたとき、最高のパートナーと出会ってスピード結婚した（40代女性、神奈川県）

●産まれてから一度も付き合ったことのない自分にモテ期が到来して彼女ができた（30代男性、兵庫県）

●30歳過ぎてから、望み通りの会社に就職することができた（30代女性、東京都）

●小遣い稼ぎに始めた副業が3か月で軌道に乗った　（30代男性、愛知県）

●起業して半年で黒字化することができた　（30代男性、大阪府）

●2か月で10キロのダイエットに成功して肌がスベスベになった　（20代女性、東京都）

●長年の夢だった職種に就くことができた　（30代女性、東京都）

●42歳になって初めての結婚をして幸せに暮らしている　（40代女性、福岡県）

プロローグ　願いがかなう「宇宙の法則」とは？

9割の願いがかなった！

「人生はね『思い込み』だけで決まるんですよ」

もしも生まれ変わって、来世までひとつだけ「記憶」としてもっていけるなら、オレなら迷わずこの言葉を選ぶ。これは、ある人に言われた言葉だった。

オレは神社でコインを投げた。くるくる回転するコインをパッと握り、恐る恐る手を開くと……表だ。

よし、これから〝あの言葉〟を証明してやろう！

2005年3月14日、4年半勤めていた会社を辞める決意をした。コインの表が出たら会社を辞めると神さまと約束したからだった。

そして、あれから9年がたったいま、どうなったか？

「年収2000万円を超えた」

「本を出版した」

「会社を設立した」

「結婚して二児の父になった」

「開催するセミナーや講演が常に満員」

「毎年好きなときに海外旅行に行けるようになった」

「一切の束縛を受けずに、自由な時間をもてるようになった」

「10キロ以上ダイエットして健康になった」

「家庭、育児、仕事、遊びを完全に両立できるようになった」

「会社員時代には考えられない、素晴らしい仲間と巡り会うことができた」

およそ考えられるかぎりすべての「願い」がかなってしまった。

じつは極論でもなく、会社を辞めたときはなんにもない人間。

あるとすれば、単純に「思い込み」を変えたこと。

それが、この本で紹介する思い込みを変え、願いをかなえる「宇宙の法則」。

たくさんの願いをかなえ、これからの人生をより自分らしく輝かしいものにするための宇宙の真理。

思い込みを変え、人生を変える「宇宙の法則」

「じゃあ、思い込みっていうのはどうやって変えるんだ」

こんな声が聞こえてきそうだけど、おわかりの通り、思い込みを変えるといっても、現実にはそんなに簡単なことじゃない。

それこそ、書店の自己啓発コーナーにはその手の本はたくさんあるし、セミナーや講演でいい話もたくさん聞ける。

どんなにがんばっても、本を読んでも、セミナーに参加しても、「思い通りにならないのが現実じゃないか」と言う人もいるだろう。


でも、オレだけじゃなく、思い込みを変え、願いをかなえ、人生を大きく変えてきた人はいる。

もちろん本人の努力や資質も大切だけど、そこにはある共通点が見えてきた。

それが願いをかなえる「宇宙の法則」。

では、その法則とはなにか？


結論から先に言うと、それは「さとり」。

さとりをひらけば、**いままでの人生を作ってきた思い込みが、ガラリと変わる。**

そして、**さとりをひらけば、あらゆる願いがかなう。**


さらに言うと、**願いがかなう瞬間は、誰もが必ずさとりの状態になっているのだ。**

「仙人になりたいわけじゃないし」

「あやしい。カルト教団？」

こう思っただろうか？　ちょっと待った。まだ本を閉じるのははやい。

この本でお伝えするさとりとは、身体を痛めつけるような苦行でも、特別な人しかできないようなものでもない。

もちろん、カルトなんかでは一切ない。仙人みたいになるわけでもない。

くわしくは、第一章でお伝えするけど、思い込みを変え、さとり状態になるのは、**とても、簡単で単純なこと。**

だから、願いをかなえるために、いまあなたに必要なのは、ペン1本のみ。

まずは、この本を読み、素直に実践するだけで、たくさんの願いをかなえることができるようになる。

冒頭（14、15ページ）のように、オレのセミナーに参加した人、ブログを読んで素直に実践した人たちからたくさんの報告をいただいている。

ニートから年収2000万円になれた衝撃の一言

思い込みを変え、たくさんの願いをかなえてきたオレだけど、人生の前半はかなりヤバかった。

勉強もできず、女にモテない学生時代を過ごし、大学受験は二度の惨敗。

その後、たいして行きたくない大学に仕方なく入学。

就職活動はほぼ全敗。恋愛もさっぱり。

就職から逃げて大学院に進んだけど、ものにならず最後は中退。

気がつけば27歳で一度も就職したことがないニートが完成していた。


それから就職活動しても、職歴のないニートなど面接にもこぎつけない。

単発のバイトでも、若くてイキのよさそうな人間から声がかかって、オレにはほとんどお呼びがない。

それでもがんばってどうにか時給650円のバイトから、運よく拾ってもらい契約社員になれた。でも、月収12万円で、仕事はめちゃくちゃハード。

寝る間もなく馬車馬のように働きながらも、客からは粗末に扱われ、上司や同僚ともうまくいかない。それでいて給料は下がる一方。

とにかく苦しい。生きてるだけで苦しい。肺炎一歩手前で点滴を打たれてるとき、「このままいなくなってもいいかな」と少しは思った。

けど、親より先に死ぬのは最大の親不孝だと小さいころから言われてきたし、やっぱり生きるしかない。だったら、少しでもいまの苦しみから逃れたい。

そうなると、向かう先は必然的にスピリチュアル。

前世カルマを除去するには、オーラをきれいにするには、運気を上げるには……

そんな情報を必死で求める毎日だった。

そして、「ツイてる」と言いまくる、口角を上げる、感謝する、トイレ掃除をする、お札をそろえて入れる、笑う……など、わらにもすがる思いで実践。

そのおかげか、なんとなく前向きにはなれたし、仕事に対する不平不満も減ってきた気にはなった。

しかし、年が明けてすぐ、めちゃくちゃ過酷な業務を担当することに。

それこそ3日間で1、2時間でも寝ればよしのような状態が襲ってきた。

いくら「ツイてる」と言ってもまったく効果が上がらない。

もうこんな毎日はいやだ、こんな人生を変えたい!

そんなある日、**年収1億円というビジネスマンと話をする機会があった。**

会う前は、さぞすごいオーラをまとった人だろうと思いきや、小柄でにこやかで、まるで吉本新喜劇の池乃めだかさんのようなビジュアル。

想像したほどのオーラもない。しかしそこで衝撃の一言が。

「石田さん、人生はね『思い込み』だけで決まるんですよ」

そう、最初の話に戻るんだけど、そこは年収1億円の言葉の重み。

妙に説得力があった。

「かなわない」という思い込みを「かなう」に変えるだけ。

そのことを証明してやろう。貪欲に「願い」をかなえてみようじゃないか。

あれから9年。

いまでは、先ほどお伝えしたように**およそ考えられるかぎりすべての「願い」がかなってしまった。証明に成功した！**

ちなみに、そのころのことは2004年5月から書きはじめている「宇宙となかよし」ってブログに書いている。

この本に書かれていることは、基本的にブログで事実関係を確認できることばかり。

成功者が後付けで話すのとは違って、この先どうなるかわからないリアルタイムな実況が、ほとんどすべてブログに書かれている。

もしお時間が許せば、毎日書いているのでかなりの分量にはなるけど、ちょっとのぞいてみてほしい。

これから、実際にさとりへと導く、願望実現の「秘伝」を中心に、たくさんの願いをかなえる「宇宙の法則」をこれでもかとばかりにお伝えしたい。

第一章では、なぜ思い込みができるのか？　その思い込みが外れるとき、**なにが起こって、どう願いがかなうのか？**をお伝えする。

これを読むだけでも、あなたの思い込みは外れ出すことだろう。

第二章では、第一章で話した思い込みを外し、願いをかなえる瞬間を作り出す実践法。**ノートとペンさえあればすぐに始められる。**

ただ、こんなに簡単な「秘伝」でも、どうしても続けられない人は多い。だから、第三章では、**「秘伝」を続けられ、願いをかなえる人になるための方法**をお話ししていく。

そして、第四章では、オレがさとり状態にいたった実話から、宇宙の仕組みをお話しする。ちなみに、ここでは**どん底だったころのオレの預金通帳の画像を公開**している。ちょっとした奇跡の証拠画像なので、恥ずかしいけど見てほしい。

とにかく、もう大丈夫。これまでの人生でほとんど願いがかなわなかった人でも、これから願ったことを素直にかなえればいい。

自分に制限をかける必要もない。もっともっと欲を出してもいい。

今日からが人生のスタート。**この本を読んで、いままで知らなかったことを知ればいい。**それだけで人生は大きく好転するから。

そして今日がまさにその日。ターニングポイント。

では、大きく深呼吸してからページをめくってほしい。

「願いをかなえる人」の世界へようこそ！

夢がかなうとき、「なに」が起こっているのか？　もくじ

第二章　実践！　100日で願いをかなえる「秘伝」

第三章　宇宙の法則がわかればもう失敗しない！

第四章　宇宙におまかせすれば大丈夫

本文図版：冨澤崇（EBranch）
編集協力：株式会社ぷれす
編集：金子尚美　佐藤理恵（サンマーク出版）

第一章

願いがかなう瞬間、「こんなこと」が起きていた

「こびと」が出てくる3つの条件

あるところに、とても親切なおじいさんとおばあさんがいました。

ボロボロになった靴を見ると、ついお金を受け取らないで直してしまいます。

気がつけば、どんどん貧乏になっていき、靴を作る革も最後の1枚になってしまいました。

おじいさんが「最後の1枚になってしまったなあ」と寂しそうに言ったら、おばあさんは「最後まで素敵な靴を作りましょう」と笑顔で励ましてあげました。

その日は寝たら、翌朝、なんと立派な靴が目の前にあるじゃないですか。

それをお店に出すと、すぐに売れてしまったので、そのお金で新しい革を買うことができました。

さらに翌朝も、立派な靴がたくさんできあがっていました。

それらもいい値段で全部売れたので、お店もたいそう繁盛しました。

寝ている間に靴ができることを不思議に思って、夜中におじいさんとおばあさんは起きて見ていました。

すると裸のこびとたちが、楽しそうに靴を作っているのです。

翌日、ふたりはお返しに小さなかわいい服と靴を作ってあげました。

夜中に出てきたこびとたちはそれらを身に付けて、うれしそうに踊っていました。


誰もが小さいころに読んでもらったことがある、『グリム童話』から『こびとのくつや』のお話。

オレも小さいころ読んでとっても感激したし、いまでも切羽詰ると、

「こびとかま〜ん!!(Kobito, come on!!)」

と叫んでしまうことがある。前に勤めていた会社では、ほとんど口癖。よく締め切りのために徹夜してたけど、こびとがいればどんなに楽だったか。

まじめな話、オレはこの話を実話だと思っている。

この話には、「願いをかなえる人」のすべての条件が盛り込まれているのだから。

そもそもず～っと語り継がれるおとぎ話には、誰もがもつ夢だったり、教訓だったり、どこか琴線に触れるなにかがあるから残っている。

いわば、人間の生きるエッセンスがそこにある。『桃太郎』もしかり、『わらしべ長者』もしかり。

では、『こびとのくつや』にはどんなエッセンスが盛り込まれているのか。

この話を3つに分けるとこうなる。

・革が最後の1枚になった
・その日は寝たら翌朝に靴はできていた
・お返しに服と靴を作ってあげた

とくにこの話が魅力的なのは、2つ目の**「その日は寝たら翌朝に靴はできていた」**という部分かな。

寝てる間にこびとが仕事を片づけてくれてたら、どんなに助かるだろうか。

大人になって仕事をするようになれば、誰もが一度ならず考えること。

だけど、**そんなことは……じつはよく起こっている。**

たとえばオレのよく知ってる編集者さんは、本のタイトルや装丁を決めるとき、考えて、考えて、考え尽くして、その日はとりあえず寝る。

すると、夢の中にバッチリのタイトルが出てきたり、または起きた瞬間に出てきたりとかするらしい。

オレもそんな経験はしょっちゅう。セミナーや講演の企画を作るときなど、まずは一生懸命に考える。だけど出てこない。そんなときは素直に寝る。

すると、翌日にすごくいいアイデアが降りてくる。

このとき、オレは「あ、こびとが来た!」と言う。

いま明かされる「こびと」の正体とは!?

つまり、『こびとのくつや』の「こびと」は誰にでもいて、**その正体は「潜在意識」と呼ばれているもの。**

潜在意識とは文字通り、普段は表に上がってこない隠れた意識のこと。

氷山のたとえがよく使われるよね。水面上に見えているのが「意識」だけど、その水面下には何倍もの巨大な氷山が眠ってるって話。

この**水面下の巨大な氷山がまさに「こびと」。**

こびとの正体は「潜在意識」

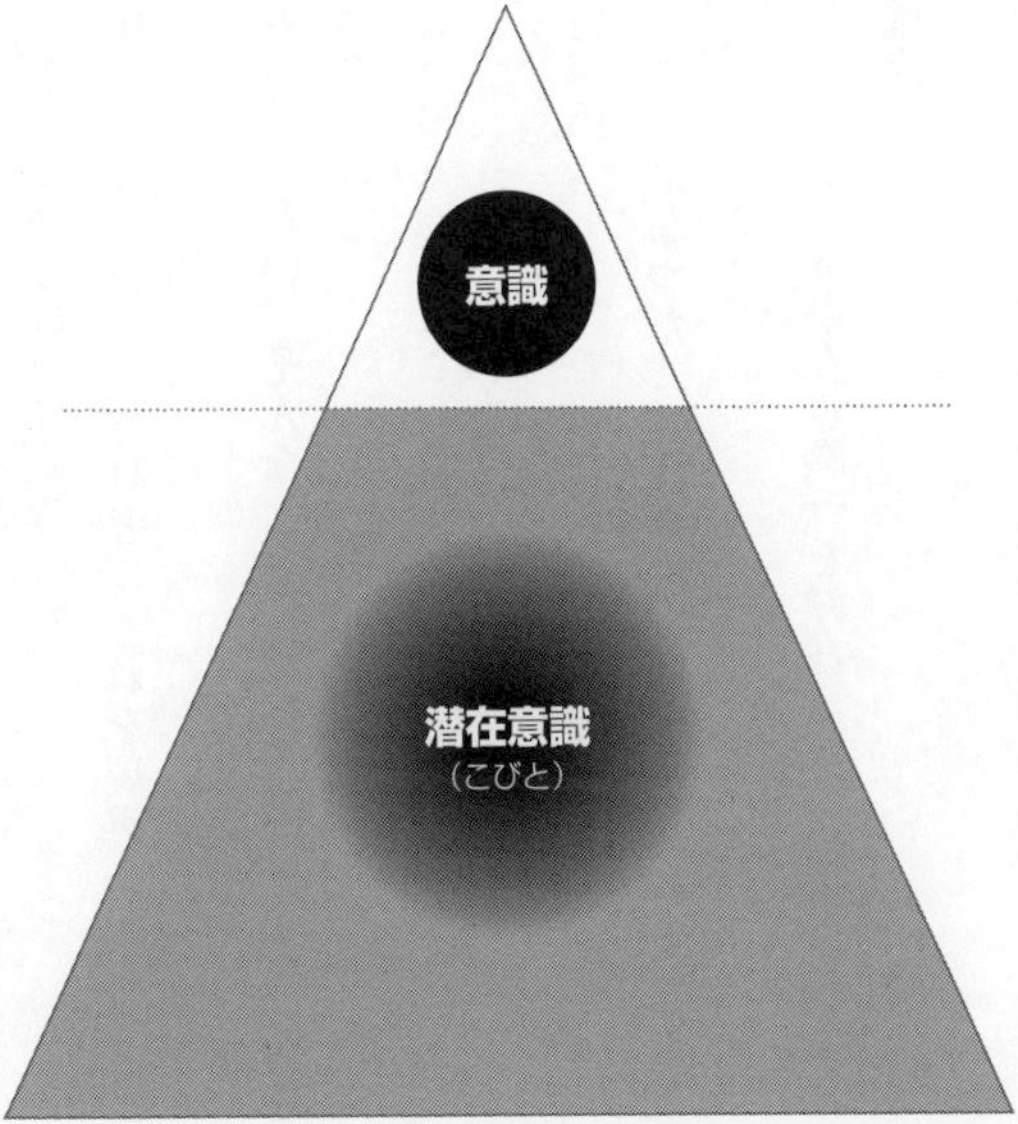

普段は出てこないけど、いざとなったらすごい力を発揮する連中。

じゃあ、どんなときにこびとは出てくるのか。

話では「最後の革」になったときだけど、それを現実に照らし合わせると、「ギリギリ」ってこと。

やるだけやってもう後がない。そんなときに潜在意識はすごい力を発揮してババ〜ッと仕事をやっつける。

「願いをかなえる人」の共通項もこれ。

たとえば冒頭（14、15ページ）で紹介した、**「会社の利益が2・5倍になった（40代男性、福岡県）」**の人なんかは、前年は大赤字でいろんな意味で後がない。

そのときに愚直に「こびと＝潜在意識」を呼び出した結果、気がつけば目標予算の2・5倍の利益確定。

「30万円の臨時収入があって、彼とハワイ旅行に行けた（30代女性、大阪府）」の人も、圧迫されたこびとを解放してあげて、気がつけば彼氏とハワイ旅行に行く資金が目の前にできていた。

「婚活に疲れてあきらめかけたとき、最高のパートナーと出会ってスピード結婚した（40代女性、神奈川県）」の人は、恋人と別れたばかりで、だけど言っちゃ申し訳ないけど、もう若くない。

最後の婚活にかけたけど、「なんか、もういいや」とあきらめかけたとき、こびとが最高のパートナーを連れてきてスピード結婚。

「産まれてから一度も付き合ったことのない自分にモテ期が到来して彼女ができた（30代男性、兵庫県）」の人は、とにかく2か月ほど無我夢中で女の子に声をかけるようにした。

当然、玉砕が続くのだけど、「もう、いいや」と言った瞬間、なぜかモテ期がやってきてめちゃくちゃかわいい彼女をゲット。こびとが連れてきたって。

願いがかなう瞬間、あなたはさとっている!

彼ら彼女ら「願いをかなえる人」の共通項はおわかりだろうか?
どの人も、**ギリギリまで追い込まれてふっと力が抜けたときにかなっている。**
自己啓発書などには、よく「願いは忘れたころにかなう」って書かれているけど、
これと同じこと。

その状態を「さとり」と呼んでいる。

さとりというと、身体を追い込むような苦行をした人、何時間もぶっ通しで瞑想《めいそう》
した人、または、一切の物欲を消し去った人……。
こんなふうに、なんとなく聖者というか、特別な人のことをイメージしがち。
だけど、いざ「さとりってなんですか?」と聞かれたらどう答えたらいいのか。

少し考えてみてほしい。意外とわかんないでしょ。

辞書を引くと「ものの本質や意味などをはっきりと理解する」とか「仏教で、心の迷いを去って永遠の真理を会得する」と説明されているけど、どうかな。

意味はわかるけど、実感としてよくわかりにくい。


じつのところ、**さとりは体感であって、頭で理解するには限界がある。**

そうはいっても、本である以上、できるところまで「言葉」で説明する必要はある。

そこで、オレが「なるほどな」と納得できた説明が3つあるので、それを紹介しよう。

1、「差を取ること」
2、「自我がなくなること」
3、「な〜んだ、これか」

この3つ。では、順番に説明しよう。

さとりとは「差を取ること」

まず、「差を取ること」とは、まさに言い得て妙で「さとり＝差取り」であることをストレートに表現している。

この場合の「差」とは、善悪、優劣、上下などの価値観のこと。

たとえば会社の売上げであれば、多いのと少ないのとどちらが「善」か。

当たり前の話だけど、多い方。

男性であれば身長160センチと180センチとどっちが「優」か。

世間一般的には180センチの方がカッコいいとされる。

女性であればAカップとDカップとどちらが「上」か。

ま、これは好きずきだけど、なんとなくDの方がいいっぽい。

そしてオレたちは、そのような善悪、優劣、上下などの価値観にしばられながら、一喜一憂するわけ。

時には自殺したくなるほど苦しむのも、すべてはこれらの価値観のせい。

確かに売上げは多い方がいい。それが会社の存在意義だから。

だからといって、ある会社の売上げが下がって倒産したところで、世界が終わってしまうわけじゃない。

オレも、前に勤めていた会社はどんどん売上げが下がっていて、社員の人員も給料も減らされていた。倒産までではいかずとも、当時はすごく困った。でも、それが会社を辞めるきっかけになり、そのおかげで独立していまはむしろよかったと思っている。

また、知人に山一證券に勤めていた人がいるのだけど、破綻したおかげで起業していまは大成功している。

「人間万事塞翁が馬」っていうけど、そのときどきで困ることはあっても、売上げが下がること自体が、すべての人にとって絶対的に普遍的に「悪」でもない。

少なくとも自殺するようなことじゃない。


すごく余談だけど、オレは二十歳くらいからハゲそうな兆候が出はじめて、当時はすごく悩んだこともあった。

育毛剤も買ったし、ハゲないための情報も漁《あさ》りまくっていた。

そんなある日、ある週刊誌に「若ハゲ特集」ってのがあってハゲマニアと化していたオレはすぐに購入。

ハゲないためには海藻じゃなくてタンパク質をしっかりとるとか、頭皮をマッサージして血行をよくするとか、いろんな解決方法が紹介されてあったのだけど、最後の方法にうなってしまった。それが「さとりをひらく」だった。


つまり、ハゲててなにが悪いんじゃいっ！　てこと。

一般的には「ハゲは悪」って価値観にしばられがちだけど、本来、そこには善悪も一切の価値観もないんですよ、ってことをしっかり理解する。

まさに「善」と「悪」、「優」と「劣」、「上」と「下」などの「差」を「取る」こと。

ちなみにいまは当時よりもずっと進行してるけど、悩みはゼロ。

さとりとは「自我がなくなること」

さとりの説明の2つ目。「自我がなくなること」。

ちょっとわかりにくいけど、誰もがこれを通過している。

それは、赤ちゃんのとき。

自我とは、一言で言うと、自分と他人を分ける「一線」のこと。

赤ちゃんは産まれる前、完全に母子一体で自分と他人（お母さん）との区別が付いてなかった。

それが産まれた瞬間、突然お母さんと切り離され、ビックリして泣くわけだけど、とりあえずお母さんのおっぱいとかで落ち着く。

だけど、成長するにつれて、どんどんお母さんと切り離され、自分という独立した存在を認めるようになる。

さらに所有の概念が出てきて、自分と他人、自分のものと他人のものとがハッキリと区別されるようになる。その線を、自我と呼ぶ。


つぎの図Aを見てほしい。

赤ちゃんの世界は、最初はなんの境目もない真っ白な世界。

それが、脳の発達に伴って、「自」と「他」を区別するようになる。

その区別する「線」が、つまり自我。

それがさらに発展すると図Bのようになる。

2つの四角形の中にそれぞれランダムに「線」が引いてある。

自我は成長するにつれて強くなる

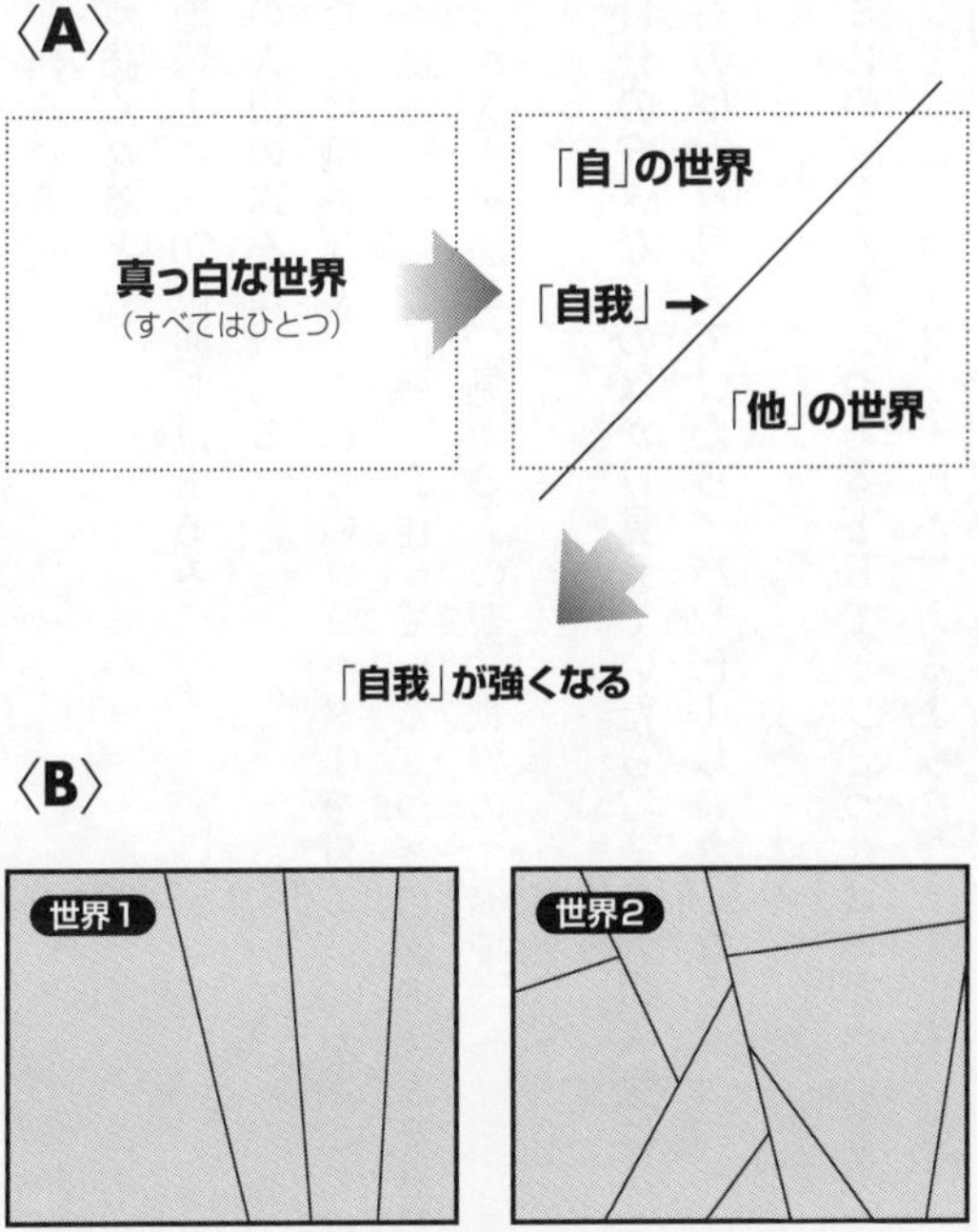

「自我」の強さにより70億通り以上の世界が生まれる

この自我の線は、成長するにつれて多くなり、さらに色が付いたりもしてそれぞれの「世界」が作られる。

これを**自我が強くなる**という。

こんなのが地球上には70億通り以上ある。

そう、世界の人口のぶんだけある。

そしてオレたちは例外なく、これらのフィルターを目の前にかざして世界を見ていて、これが「認識」や「価値観」を作っている。つぎの図のような感じに。

人はこのフィルターを通して見えるものが「世界のすべて」。

もしここで自分の好きなものばかり見えていたら、その人の人生はハッピー。

逆に嫌いなものばかり見えていたら、ハッピーじゃなくなる。

たとえばここにのぞき穴が2つあるとして、ひとつにはかわいい猫ちゃんが見えるけど、もうひとつにはゴキブリくんが見えるようになっている。

かわいい猫ちゃんが見えた人はハッピーだけど、ゴキブリくんが見えた人はちょ

独自のフィルターを通して世界を見ている

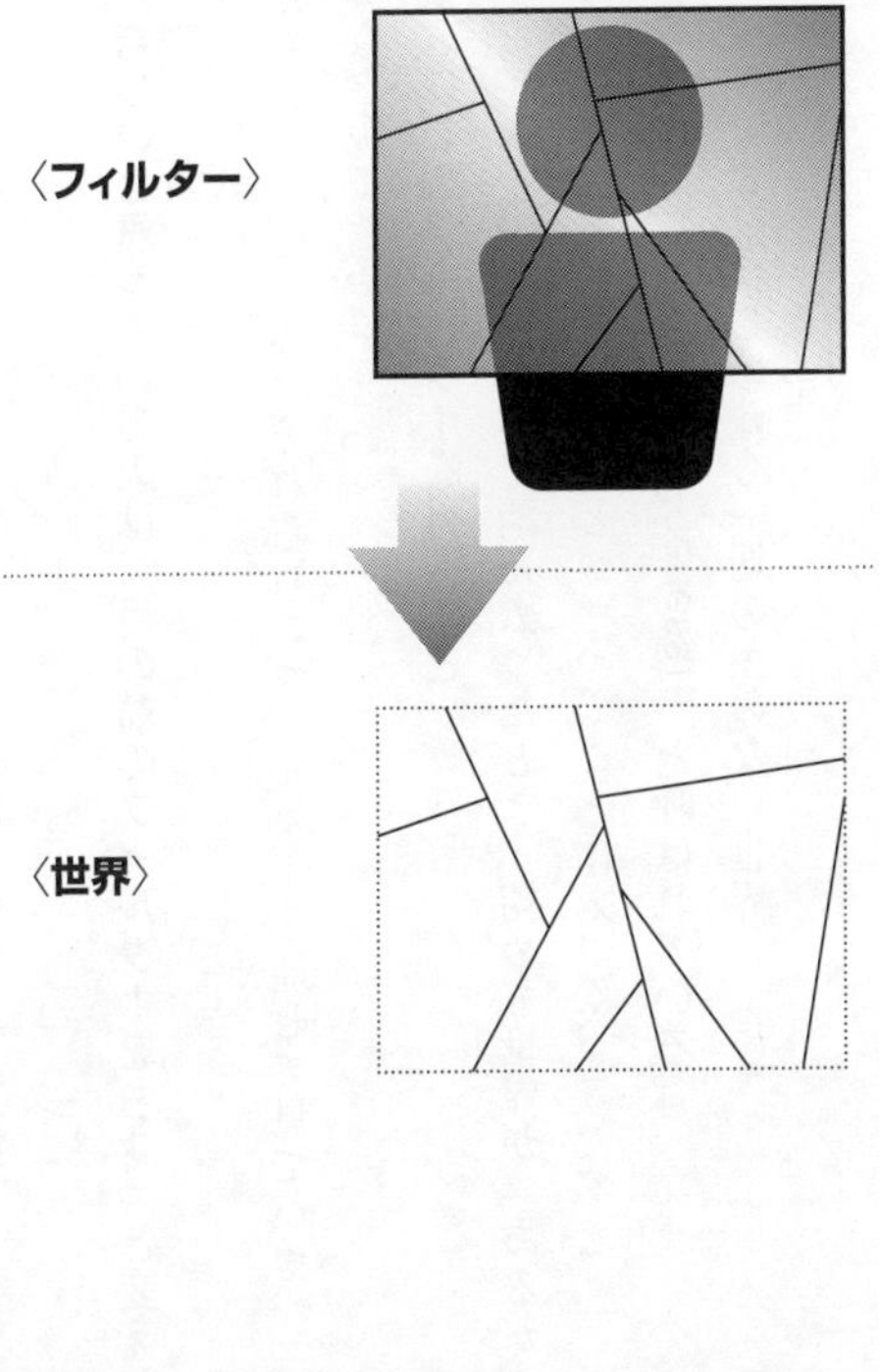

っとブルー。

オレたちは、こののぞき穴、つまり、フィルターを常に自分で「選択」して生きている。

だから、**人生が苦しいと思っている人は、目の前のフィルターをちょっと変えれば大丈夫。**

そもそもオレたちは、この世界をそれぞれのフィルターを通して見ていて、「あるがまま」の世界など見てない。

さとりとは、まさにこのフィルターを外すこと。

自我、つまりフィルターの線がすべて消え去ったとき、初めて世界が「あるがまま」に見えるようになり、すべては「ひとつ」ってことに気づく。

これは、**精神世界では、「ワンネス（Oneness）」と呼ばれている。**

すべてはひとつで、そこははじめから一切の差のない世界。

喜びも、苦しみも、すべて自我、つまりフィルターが作っているとすれば、もともとのひとつの世界に戻ることで、すべての喜びと苦しみが消滅してしまう。

フィルターを外せば世界はひとつ

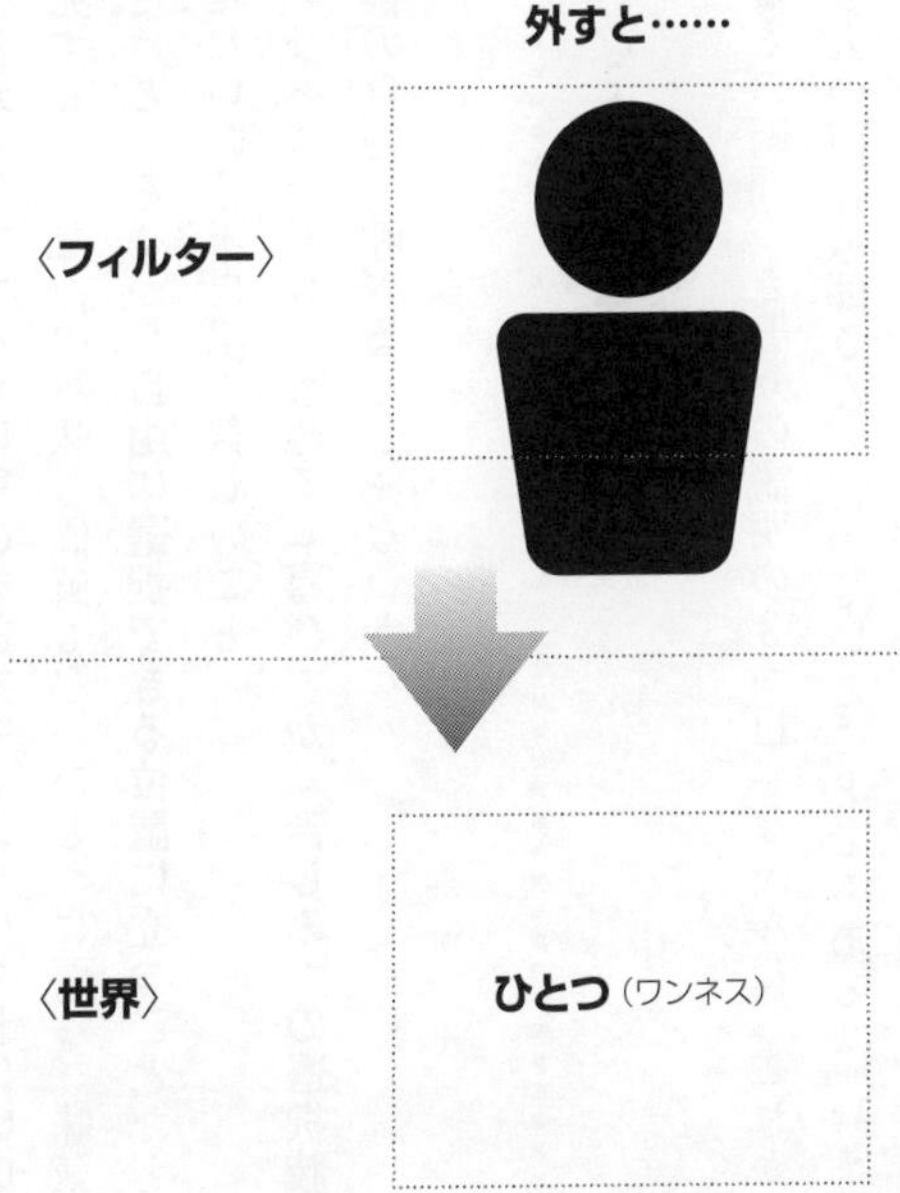

だけど、人間として産まれた以上、喜びも苦しみもない人生はあり得ない。

だったら、**これからはできるだけ喜びを選択するようにすればいい。**

さとりは一見すると、なんの意味も価値もないひとつに戻る、味気ないことのように思える。だけど、そこから**自由に選択できる位置に立つことだとわかればいい。**

選択肢をもたないのは不自由で苦しいこと。

もともとの「ひとつ」から、**改めて「喜び」か「苦しみ」の選択肢をもつことは、ある意味、究極の自由と呼べるんじゃないかな。**

さとりとは「な～んだ、これか」

ひとつに戻るその瞬間、さとりの説明の3つ目「な～んだ、これか」がやってくる。これは、友人の阿部敏郎さんが言っていることでもある（『いまここ』ダイヤモンド社）。

さっきも言ったように、赤ちゃんのときは誰もがひとつの世界に生きている。

そして成長につれて自我が芽生え、さらにそれが強く複雑化することで、独自のフィルターを作るようになる。

ハッピーなフィルターを作っていたらその人はハッピーだけど、その逆もまたしかり。

だけど、そのフィルターを取り去ってしまえば、大昔に知っていたひとつに戻ることができる。

だから、「な〜んだ、これか」ってこと。

知らないことなら「おお〜！」って驚くこともあるだろうけど、**知ってることを思い出すだけだから、「な〜んだ、これか」としか言いようがない。**

では、これらのことと、「願いをかなえる人」とどう関係があるのか。

いま、さとりについて3通りの説明をしたけど、あえてひとつにまとめてみよう。

もともと「ひとつ」で

「差」のなかった世界を、
「な〜んだ、これか」と思い出すこと。
これがさとり。ということは、オレたちは普段、
もともと「ひとつ」の世界を切り刻み、
わざと「差」を作り出して、
「なんだ、これは〜！」と言いながら生きているわけ。
ま、それが人生であって、だから面白いんだけど、それが人生の苦しみを生み出しているのもまた事実。

そしてこの苦しみは、じつは「願望をもつこと」によって生まれている。

産まれたばかりの赤ちゃんには、喜びもなければ苦しみもない。
ただ、「あるがまま」の世界に生きるだけ。

それが成長とともに自我が強くなり、生理的な欲求以外にも複雑化された欲望が生まれるようになる。

たとえば、「いい成績を取りたい」「もっとお金が欲しい」「異性からモテたい」などの願望。

それら願望によって、もともと「あるがまま」でなんのストレスもない世界に、突然として「差」が生じる。

たとえば「いい成績」と「悪い成績」の差、「お金持ち」と「貧乏」の差、「モテる」と「モテない」の差など、願望をもつと必ずそこに「差」が出てくる。

これこそがまさに苦しみの元凶。

このとき、願望が生み出す苦しみから逃れるにはどうすればいいか。

ひとつは最初から願望をもたないこと。

そしてもうひとつが、願望を実現すること。

人間やめますか？　それとも願望もちますか？

じゃあ、「願望」とはなにか。

あえてここで定義すると、願望とは、未来における望ましい変化。

苦しみは、現状と願望のギャップによって生じるもの。

なので、苦しみから逃れるひとつの方法は、このギャップを生み出さないこと、つまり、そもそも願望をもたないこと。

「煩悩を消すこと」ともいわれ、座禅や滝行などの修行をしている人の多くもそこを目指している感じ。その行きつく先がさとりである、と。

だから、さとりをひらくことで、「苦しみ」から解放されるってのも、その意味では正しい。

実際、精神世界の本を読んでいても、願望をもたない、煩悩を消す、というアプローチはじつにウケがいいみたい。

願望は未来における望ましい変化

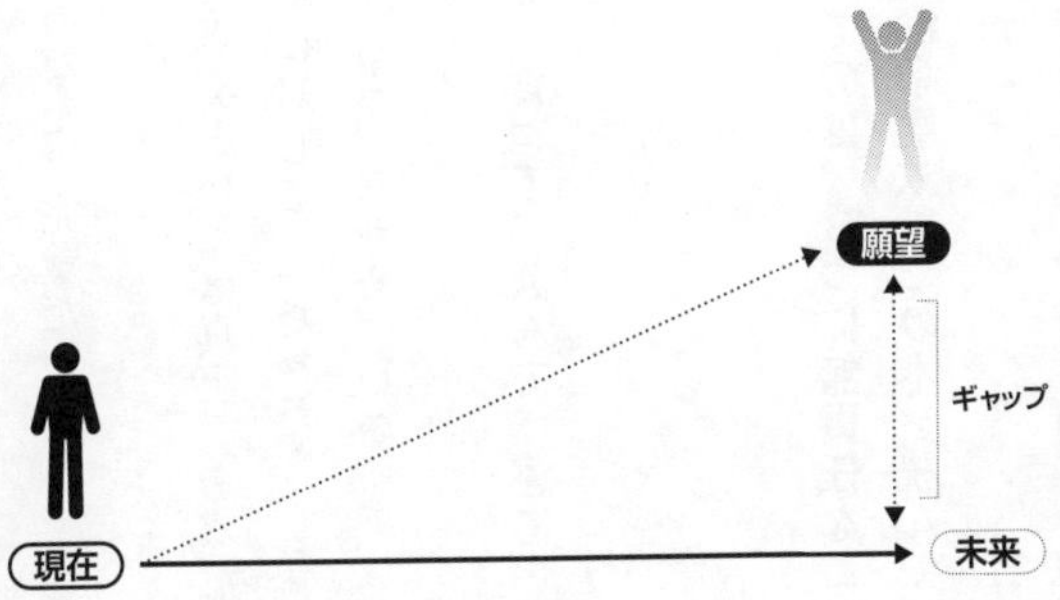

「そのままでいいんだよ」「がんばらなくていいんだよ」「なにも求めなくてもいいんだよ」「もうすでにあなたは完璧だから」……みたいな。

もちろん、これらも真実といえば真実。ある意味、究極の真実。宇宙から見れば。ただ、これらの言葉に対して、「だったら、なにもする必要ないじゃん」と誤解して受け取ってしまう人も少なからずいる。

でも、それってどうよ？

動物のように息して、食って、飲んで、寝て……ってだけの人生でいいものか？それで楽しいか？

そしてもうひとつ。

「願望をもたない」ってのは、じつに無責任なこと。

いま、あなたは紙か電子端末でこの本を読んでいると思うけど、紙は誰が作ったの？　どうやって作ったの？

言い出すとキリがなくなるけど、材料の木を植え、切り、運び、そして加工した人がいるからあるんでしょ。つまり、誰かが願望をもったから。

電子端末も同様。インターネットも同様。

食べものも、着るものも、住むところも、動く手段も、医療技術も、オレたちの周りにあるものはみ〜んな誰かが願望した産物。けっして自然現象じゃない。

そうやって人間の社会は発展してきたわけで、その根底にあるのが、まさに願望でしょ。

そして、おそらくどの人も、一つひとつの**願望をもつとき、現状とのギャップに苦しめられたに違いない。**

だけど、その苦しみから逃げなかったから、いま、オレたちはこうやって便利に暮らしている。

誰かの願望の上にオレたちの毎日の暮らしがある。

そのような願望をもつのは、人間だからこそ。

もし、本当に願望をもつことを否定するなら、いますぐ人間をやめた方がいい。

やめられないなら、素直に願望をもちましょうよ、と思うわけ。
確かに、願望をもつと苦しいこともある。だからこそ楽しいんじゃない？
願望を捨てると楽になる。それはわかるけど、じゃあ、楽しいですか？　心から
喜びを感じますか？　ワクワクしますか？

それらを否定して、動物のように生きるのも個人の選択だとは思う。
だけど、少なくともオレはいやだね。
人間やめますか？　それとも願望もちますか？　ってこと。
オレはもつ方に決まってる！

手放すために、願望にはとことん執着しろ！

願望が生み出す苦しみから逃れるもうひとつの方法。
それが**願望を実現すること。**

ところで、オレも苦しい時代によく精神世界の本を読んだと言ったけど、そこでよく見かけたのが「手放せ」というフレーズ。

そこでは「願望は手放せばかなう」と書かれていて、これまたウケのいい話。

そこでオレも願望を手放そうと努力しはじめた。

ただ、すぐに気がついたけど、**そもそも「手放す」ってどういう状態？**


たとえば「お金持ちになりたい」って願望があったとする。

これを手放すにはどうすればいいのか。

「貧乏でもいい」って思えばいいのか。いや、これは素直には思えない。

「お金持ち」って思いそのものを捨てるのか。でも、どうやって？


だって、もともとは「お金持ちになりたい」んですよ。

だけど、精神世界の本を読むと「手放せ」って書かれている。

そこでお金持ちになる〝ため〟に、手放そうと努力する。

でも、そこにはものすごい矛盾があることはわかるよね。

「お金持ち（願望の実現）」と「手放せ」がイコールであるかぎり、手放そうと努力すればするほど、お金持ちに対する執着を強くするわけだから。

結局、お金持ちになるためのきちんとした努力もせずに、**執着ばかりが強くなって苦しみが強化される。**

そして願望が実現されないままに、時が過ぎてゆく。

では、実際に「願いをかなえる人」はどうしているのか。

じつのところ、手放そうと努力した人などいない。

むしろ願望に対してとことんまで執着する。

だってそうでしょ。たとえば目の前に札束があるとして、これを手放すにはどうすればいい？

いま手に札束はない。すでに放れている。

それを「手放せ」ってどういうことか。

つまり、手放すには、その前に「つかむ」しかない。

手を伸ばして、つかんで、つかんで、つかみ尽くす。

で、ずっとつかんでても疲れるから、ふっと手放すときがくる。

つまり、**「手放せ」とは、逆説的にも「つかめ！ 執着しろ！」とセットだった**わけ。

「願いは忘れたころにかなう」も精神世界でよく聞くフレーズ。

そうはいっても、「忘れろ」と言われてすぐには忘れられないでしょ。

失恋したとき、「あんな男のこと、忘れちゃいなさいよ」と言われても、忘れられないから苦しい。

だけどそんなとき、とことんまで泣きじゃくり、そして時期がくれば勝手に忘れてしまうもの。

オレだって嫁さんと知り合うちょっと前に、別の女から振られてショックだったことがあるけど、当然のこと、いまは完全に忘れてるもんね。そんな気持ち。

いま思い出すと、確か前の女を吹っ切れた瞬間に、嫁さんが現れ結婚したような気もする。**まさに、「忘れたころにかなう」ってやつ。**

これなんだよ！

売上げを上げたいと、とことん執着する。

ある日、仕事に没頭し過ぎて、売上げのことなど忘れてしまっていた。**気がつけば、あり得ないほど売上げが上がっていた。**

彼とハワイ旅行に行きたいけどお金がない。高望みと思いながらも、とりあえず紙に書いてみた。

ある日、書いたことなど忘れていたら、**いつの間にかハワイに行くお金とチャンスが目の前にあった。**

婚活はもう疲れた。40代の女はやっぱ不利かな。

もう気にせず自分らしく生きよう。

そう思った3か月後、**ベストパートナーが現れた。**


彼女が欲しいけど付き合ったことがない。

だけど、とにかく声かけまくろう。無我夢中で。

実際に無我夢中でやってみて、ことごとく玉砕したけど、やりきった感で一息ついた瞬間、**めちゃくちゃかわいい彼女ゲット。**


つまり、**「手放す」のではなく、ものは「手放れる」。**

札束をつかまなければ手放せないように、**願望だってとことん執着して初めて手から放れるもの。**

そして勝手に放れた瞬間に、願いはかなう。

そこでようやく苦しみから解放されるのだ。

潜在意識があなたの願いを阻止するわけ

『こびとのくつや』の話に戻るけど、おじいさんはどうやって「こびと」を呼び寄せたのか。

まずは願望をもつこと。

おじいさんだって、いくら親切といっても、生きていかなきゃならない。

だとすれば、靴屋である以上、靴を作って売ることが願望。

そして、おじいさんは遊んでたわけじゃなくて、貧しい人にあげてしまうほど一生懸命に作っていた。

だけど、お金は残らない。大きなストレスでしょう。そしてついに最後の革になってしまった。

ここで、おじいさんは、とりあえず「寝る」んだよね。

もう、あたふたしない。「最後まで素敵な靴を作りましょう」との励ましもあって、**開き直って寝る**。すると、翌日には立派な靴ができていたってお話。

とにかく最後の最後までがんばって作った。

力も尽き、おばあさんに励まされて寝た。

ここで「こびと」が出てくる、つまり、潜在意識が働きはじめる。


このメカニズムを一言で言うと、**「ストレスとリラックス」**。

願望をもつと、とにかくストレスがかかる。

なぜなら、「願望」と「現状」の間にギャップがあるから。


ここで潜在意識について、もう少しくわしく説明しよう。

まず、先ほども言ったように、潜在意識は氷山にたとえると、水面下にある巨大な塊で、普段は表には出てこない。

一説によると、潜在意識は意識の2万倍の力があるといわれる。とにかくすごい力。

だから、**どんなに意識して「お金持ちになりたい」と願ったとしても、潜在意識**

がその2万倍の力で阻止して、貧乏な状態を実現してしまう。

では、なぜ潜在意識は意図しない貧乏状態の手助けをしてしまうのか。

それは、潜在意識にとって最大にして唯一の目的があるから。

その目的とは、**潜在意識は「安心・安全」だけを求めている**ということ。

人は産まれてきた瞬間から、まずは「生きる」ためにだけ生きる。

赤ちゃんが泣くのは、お腹がすいたとき、おむつが汚れたとき、放置されたとき、など。それは周りに対する危険信号。

泣くことでおっぱいがもらえたり、おむつを替えてもらえたり、抱っこしてもらえたりなど、本能的に身の安全を守ろうとする働き。

そして成長するにつれて、自分でできることも増え、行動範囲も広がるし、時には危なっかしいことにチャレンジしたりもする。

そうであったとしても、潜在意識はどこまでも「安心・安全」を基準として、つまり、「安全ならするけど、危険ならしない」という行動様式を守ってしまう。

なかでも、**潜在意識にとってとくに危険なのが「変化」**。

どんな状況であったにせよ、潜在意識がもっとも「安心・安全」を感じるのは「いままでの自分」。

それが自分にとって好ましいか好ましくないかにかかわらず、その状況が一番安全であり、それが願望の実現を妨げる一番の原因。

潜在意識それ自体は夢も理想ももってない。

ただ、いままで通りの自分を維持することだけが目的。

なぜならその方が「安心・安全」だから。

貧乏であろうが、不健康であろうが、おどおどしていようが、いままでがそうである以上、潜在意識はそのことを強く守ろうとするのだから。

潜在意識の正体は「身体」だった！

潜在意識は、頭の中にある願望を2万倍の力で阻止する。

それが「安心・安全」でないかぎり。

さらに潜在意識には「これまで危険だったことを覚えている」という性質まで備わっている。

たとえば、小さいころ、犬にかまれて痛い思いをした。

その当時はとても危険なこと。

それによって「犬＝危険」だと「身体」が覚えてしまい、大人になっても犬が苦手なままでいる。

チワワのようなかわいい犬であっても、頭では危険じゃないとわかっていても、身体が犬を拒絶してしまう。

知人の話だけど、小学生のころ、こんにゃくを食べていたら奥歯に「ガリッ」という感触があったそうな。

おそらく、砂かなにかが取り除けなくて混じっていたんだろう。

その感触がとても不快（危険）だったため、大人になってもこんにゃくが食べられないままだとか。

ただ、オレもいままで散々こんにゃくは食べてきたけど、ガリッとなったことはないし、普通はそう。

もしかしたら砂の入ったこんにゃくなんて、超レアもいいところ。

それも頭ではわかっているのだけど、一度、こんにゃくで不快な思いをしてしまったら、**「こんにゃく＝危険」だと「身体」が覚えていて拒絶してしまう。**

このような例からもわかる通り、**潜在意識の正体は「身体」。**

だからこそ、頭（意識）でどんなに安全だとわかっていても、その2万倍もの力で拒絶反応を起こしてしまう。

犬を見たとき、鳥肌が立ったり、鼓動が激しくなったり、脂汗が出たりするのも、それがどんなに危険じゃないと頭ではわかっていても、身体が勝手にそう反応してしまうから。

そうやって、「身体＝潜在意識」が犬やこんにゃくを危険だとインプットし、それ以降、頭ではわかってるんだけど、犬やこんにゃくが苦手な状態をずっと維持しようとする。その方が「安心・安全」だと判断して。

だから、潜在意識にとっては、犬やこんにゃくに立ち向かうことは「変化」であり、絶対に避けたいことなわけ。

潜在意識が「ぱん！」と弾けて現状リセット

『こびとのくつや』の話に戻るけど、おじいさんは、その親切な人柄ゆえに靴が思ったように売れなくて、それはそれはストレスだったでしょう。普通に考えたら。

それでも、靴屋を辞めずに最後の革1枚までがんばって作っていた。

そして歳も歳だし、そんなに体力も続かないはず。

もう「身体」も疲れた。精一杯やった。だから今日のところは寝よう。


そのとき、潜在意識の世界で起こっていることとは……。


とにかく「靴を売りたい」って指令だけは意識から上がっている。

だけど、おじいさんはいままでずっと親切で、それゆえに貧乏だった「現状」があり、いきなりお金持ちになるのは危険だ。

だから、なんとしてでも、このおじいさんを貧乏なままにしておきたい。

なのに、相変わらずおじいさんは貧しい人たちのために靴を作っている。

「身体」を酷使しながら。なんと、革があと1枚になってしまったぞ。

どうしようか、このままだと革がなくなって、今度は「靴を作る」って「現状」までをも維持できなくなる。

貧乏も維持したい、だけど、靴を作ることも維持したい。
意識から指令があるのは、「靴を売りたい」だ。
貧乏を続けるか、靴を売るか。
どっちにすればいい、どうしよう、どうしよう……。
ぱん!!

ついに潜在意識は音を上げて、「意識」に助けを求めてきた。

指令通りにするしかない。
とりあえず、おじいさんには寝てもらおう。
ストレスのかかった「身体」を休めて、リラックスしてもらおう。
その間に、意識の指令に従って売れる靴を作っておくから。

こうやって潜在意識は「こびと」の姿を借りて、せっせと靴を作りはじめる。

できた靴はいい値で売れた。革が買える。また靴を作る。また革が買える……の繰り返しで、**いつの間にか豊かになり願望が実現していた。**

言い換えると、**それまで危険だと思っていた変化を受け入れていた。**

ここで重要なのは、**潜在意識はまず極度のストレス状態に置かれたということ。**

それは「貧乏」と「靴を作る」という、相反する「現状」の板挟みになることで。

「貧乏」を維持したら靴が作れない。

「靴を作る」を維持したら貧乏になれない。

潜在意識は困ってしまって、ここで意識に助けを求める。

意識は「靴を作って豊かになりなさい」と言っている。

そこで、それまでの「靴を作って貧乏」という**「現状」をいったんリセット。**

他の願望についても同様。

「売上げを上げたい」という意識からの指令（つまり願望）を受けているけ

ど、これまで通り「売上げがない」という状態を維持したい。

だけど、この人は、せっせと売上げアップのために「身体」を使って働いている。

それにこれ以上、売上げが上がらなかったら、「働きつづける」という現状を維持できなくなる。

どうしよう……ぱん!!

「意識」の指令は「働きつづける」だから、ここは売上げを上げてもらうしかない。

これまでの「売上げが上がらず働きつづける」はいったんリセットして、「売上げを上げて働きつづける」という「変化」を受け入れてもらおう。

これが願望実現。

もうひとつ、婚活の話。潜在意識はこんなふうになっている。

これまで通り「独身」を維持したい。
だけど、この人はがんばって婚活している。
どうにかして邪魔したいのだけど、まだ続けている。
男性と会って、話をして、その前にきれいにして、前向きにがんばってい
る。結婚に対する意識も強い。
けど、させてなるものか。もっと、落としてやれ、落としてやれ……。
よし、どうやらあきらめたみたいだ。
だけど、どうだ。この人はがんばりのせいなのか、結婚ムードの「感覚」
を残してしまっているぞ。結婚に対する前向きな思いが、感覚的に維持状態
に入っているぞ。
どうしよう。結婚させたくないのだけど、結婚ムードの感覚が残っている。
「意識」の指令はなんだ。
「結婚させろ」だって。ぱん！

「結婚させない」と「結婚ムード」を両立できなくなり、最後は意識の指令に従い

潜在意識が「ぱん!」となる仕組み

◉小さなさとり ＝ 願望実現

生きていると願望をもつことで現状との差が拡大する。その差が苦しみを生むのだけど、そこから逃げずにがんばっていると、潜在意識はそのストレスに耐えきれなくなって、そのうちに「ぱん！」と弾ける。な〜んだ、かなうってこんな感じだったんだ。

◉大きなさとり ＝ 宗教的なさとり

生きていると成長につれて自我が拡大して、価値や判断が生まれる。人によっては、それがとても苦しい経験になることもある。そしてその苦しみが大きくなればなるほど、潜在意識はストレスに耐えきれなくなって、そのうちに「ぱん！」と弾ける。な〜んだ、ひとつだったか。

「結婚する」という変化を受け入れ、実現してしまった。

いずれの例においても、「（実現前の）現状」を潜在意識は維持しようとする。

だけど、**それに対抗する働きが「身体」の行動を通して巻き起こっている。**

「潜在意識」は板挟み状態でストレス。

そこで、「意識」に助けを求めて、これまでの状態をいったんリセット。ぱん！

ストレス＋リラックス＝夢の実現

ここまで話してきた潜在意識が起こす「現状」のリセットとは、ふっと緊張の解けた「リラックス」した状態のこと。

たとえば、**「寝る」「忘れる」「没頭する」「あきらめる」などがリセットになる。**

札束をつかみつづけるのは、正直ストレス。

つかんで、つかんで、つかんで手放す。そして快感。

だけど、札束を握っている感覚は残っている。お金を持つ（稼ぐ）力も付いた。

つぎはまたもっとストレスなく札束をつかめるだろう、みたいな感じ。


オレがこのメカニズムに気がついたのは、ヨガを習っているときのこと。

ヨガというと、とかく身体に負荷をかけて、文字通り「ストレッチ（ストレスをかける）」する。

でも**重要なのは、じつのところストレスをかけることじゃなくて、その後に緩むこと、リラックスすること。**


この緩んだ感覚がヨガの醍醐味《だいごみ》。

だけど、この醍醐味を味わうためには、極限までストレスをかける必要がある。

だから、ストレスとリラックスは常にセット。

リラックスするにはストレスが不可欠だけど、**ストレスをかけるといつかは勝手にリラックスに転じるもの。**

願望を強くイメージして行動するのも、それは大きなストレス。

だけど、**そのストレスもそのうちに弾《はじ》けてリラックスに転じる。**

それが実現する瞬間。


「夢を叶える最大の方法は、強く強く念じ　強く強くイメージする事　そして酒を飲み語る事」


これは、島田紳助さんの経営する寿司屋にかけてある言葉。

彼はタレントとしてだけでなく、実業家としても成功している。

オレは大阪出身なのもあってか、元タレントの島田紳助さんが漫才ブームのころから好き。


まさにこの言葉通り。

強く強く念じ、強く強くイメージするって、変化に立ち向かうことだから、かなりのストレス。

だけど、その後にリラックスして酒を飲み語ることで、スルッとその夢を受け入れることができる。やっぱり、秘訣《ひけつ》はストレスとリラックス。

「欲張りな夢」ほどかないやすい

さて、もう少し『こびとのくつや』の話をしたい。

おじいさんはこびとたちに靴を作ってもらうといった、願望実現の前後にとても大切なことをしている。
①実現前、最後の革1枚になる前に貧しい人たちの〝ため〟に作っていた
②実現後、こびとたちに服と靴を作ってあげた
まず、①だけど、これは願いをかないやすくするための、とても重要なエッセン

ス。

自我がなくなるとき、さとりがやってくる、つまり願いがかなうって話をした。

だけど、このおじいさんは、「寝る」ことで**自我をなくす以前に、すでにその準備がしっかりとあった。**

それが、貧しい人たちの〝ため〟に靴を作ってきたこと。〝ため〟がとても重要。

自我とは、自分と他人を分ける線のこと。

自我が強くなればなるほど、自分と他人の溝が深まり、他人のことを考えられなくなる。

そこでもし、自分と他人との溝に橋渡しがなされていたらどうか。

それだけ自我が弱まることになる。

それが、**他人の〝ため〟という姿勢。**

その説に対して、ひとつ興味深いエピソードを紹介しよう。

以前、あるワークショップに参加したとき、同じ参加者に自称「天使」を名乗る男性がいた。

見た目には普通の男性だったけど、自分が天使であることに疑いがない様子。当然最初はあやしい人だと思ったけど、同じ参加者として無視しつづけるわけにもいかず、それとなく話をしてみた。

「天使って、なんの仕事をしているのですか?」

「人を幸せにする仕事をしています」

なんともありきたりの返答で、即座に興味がなくなりかけたけど、いきなり会話を中断するわけにもいかないので続けてみた。

「それなら聞きますけど、世の中にはどうして不幸な人がこんなにたくさんいるのですか? 天使さんは仕事してるのですか?」

このときの返答がじつに興味深かった。

「幸せは自分の心が決める」とか「すでに幸せであることに気づいていないだけ」などの、これまたありきたりな返答かと予想していた。

だけど、見事に期待を裏切られた。


「誰もボクにお願いしないんだもん」


言われてみたら確かにそう。

もし目の前の天使さんが本当に人を幸せにすることができるとしても、誰だって頼まれなければ動けない。

オレもコーチングやセラピーなどのセッションをするとき、テーマを決めるのはオレじゃなくあくまでクライアントご自身。コーチやセラピストが独断と偏見でクライアントのテーマを勝手に決めるわけじゃない。

だから、当たり前の話だけど、**願いをかなえてほしいなら、天使にお願いできるくらいの明確さは必要。**

ただ、もうひとつ大きな疑問があった。

それはたとえば、自己啓発書を読み、セミナー等に参加している人の多くは、願望を明確にする作業って何度もやってたりするでしょ。にもかかわらず、いつまでも願いがかなわない人だって大勢いる。それはどういうことなのか？　その天使はこう答えた。

「ボクも忙しいから、小さな仕事は受けられないんですよ」

その願いが、単に自分だけの欲求を満たす程度ならば、それは小さな願い。

天使が言うには、**1回の仕事で、できるかぎりたくさんの人が幸せになるような願いをもってこい**とのこと。

ひとりよりも10人、10人よりも100人が幸せになるような願いじゃないと、天使は働けないんだって。

たとえば「ベンツが欲しい」という願いに対して、実際に幸せになる人は誰か。

せいぜい自分と外車ディーラーとメーカーくらいのもの。

他にも、月収100万円で誰が幸せになるのか。

彼氏彼女ができて誰が幸せになるのか。

つまり、自分の願いは、どれくらい〝ため〟になっているか。そんな願いをもってこいってのが天使の要求。

それがまさに自我を超えた〝ため〟という願望。

思えば日本を支えた多くの経営者・起業家たちも、自分のためだけに仕事をしたわけじゃない。

松下幸之助も本田宗一郎も稲盛和夫も孫正義も、もちろん美談だけではないけれども、結果として非常に多くの人たちに幸せをもたらした。

そこにもはや自我はない。

〝ため〟という願望には自我を超えたパワー、言い換えると「宇宙のパワー」が秘められている。そのパワーが願望を実現へと導くのだ。

もちろん、誰もが松下幸之助になれるわけじゃない。

自分の身の丈にあった、自分ができる範囲で〝ため〟をもてばいい。

子どものため、妻や夫のため、両親のため、友達のため、お客さんのため、会社のためでいい。

いまのオレもそう。子どものためだからがんばれる。家族のためだからがんばれる。読者さんのためだからがんばれる。セミナー参加者さんのためだからがんばれる。

ふと気がついたとき、そこに自我はない。

その瞬間、宇宙の無限のエネルギーが願いに注ぎ込まれ、実現に向けて急加速する。天使もフル稼働。

ようは、天使は「欲張り」なんです。

1回の仕事でできるだけ多くの人を幸せにしようと欲張ってる。

だから、あなたもまた欲張りであっていい。

小さな願望に満足するんじゃなく、**多くの人を幸せにするような大きな願望へと**

欲張ればいい。

願いを阻むメカニズムを突破する「決めゼリフ」

では、願望実現前後にした大事なこと、「②実現後、こびとたちに服と靴を作ってあげた」について。

おじいさんは靴が売れたら、こびとたちに服や靴を作ってあげてたよね。

これがとても大切。なぜかというと、「感謝」がある。

つまり、潜在意識に感謝すること。

前にも話したけど、潜在意識の唯一の目的は「安心・安全」を守ることであり、潜在意識にとってとくに危険なのが「変化」だった。

だから、意識でどんなに楽しそうな願いを立てたところで、それが現状から見て変化である以上、2万倍の力でもって阻止してくる。

それこそが願いがかなわない一番の理由。

そこでこんな話。

あるところに、年頃のひとり娘がいました。

優しい両親の元で大切に育てられてきたお嬢さん。

そんな彼女にも、就職先の会社で出会いがありました。いわゆる社内恋愛で、ある日、告白され付き合うことに。

ただ、その相手は「元ヤンキー（不良少年）」でした。

多少はそのような面影はあるものの、もちろんいまはきちんとしてるし、なんの問題もありません。普通に恋愛を楽しんでいます。

そんな様子にまっさきに気がついたのがお母さん。

ある日、問い質《ただ》されたので正直に伝えます。

すると猛反発。お母さんもいわゆる「お嬢さん」だったため、元ヤンキーがどうしても引っかかるのです。

それからというもの、監視はますます強くなり、門限も厳しくなりました。

休日に女友達と旅行に行こうにも、勘ぐられ反対される始末。

さすがに彼女も窮屈に感じ、お母さんとの関係はギスギスするばかり。

だからといって家を飛び出して恋人の家に転がり込むほど大胆にはなれない。

そして、その男性との付き合いを快く思っていないお母さんは、なにかにつけて「あなたのためなのよ」と言って、男性との交際を反対してくる。


ありがちな話だけど、まさに「願いを阻止するメカニズム」と同じ。

お母さん＝潜在意識。

この場合の彼女の願望は、元ヤンキーの彼氏との交際を続けること。

だけど、そのためにはお母さんがちょっと邪魔。

お母さんがいなければ交際はうまくいくのに、くらいに思いはじめる。

そうやって、「私が誰と付き合おうと勝手でしょ！」と言い返したらどうなるか。

お母さんはますます意固地になって、交際を反対するでしょう。そして親子関係はますます険悪なものに。

ただ、いうまでもなく、お母さんは娘さんが憎くて邪魔してるんじゃない。

娘さんのことを真剣に思ってるからこそ。

お母さんの偏見でしかないのだけど、もしかしたら娘は遊ばれているだけかもしれない、嫁入り前にキズモノにでもされて捨てられたらなどと、とにかく心配して邪魔してくるもの。

そのお母さんにとって「元ヤンキー」という要素は「変化」でしかない。

だって、そんな人たちと接したことがないのだから。

つまり、お母さんという「潜在意識」は、変化することをとにかく抑制してくる。

だから、娘さんがいくら説明しても聞く耳をもたずに、娘さんの2万倍の力で阻止しようとする。

そこで、もし娘さんがお母さんの気持ちを理解して、こう言ったらどうか。

「お母さん、私のことを思って言ってくれてるのよね。ありがとう」

お母さんは不意を突かれて言葉を失うかもしれない。


そして続けざまにこう言う。

「だけど、お母さんも彼と会えばきっとわかってもらえると思う。彼は私のことを大切に考えてくれてるし、彼とならきっと幸せになれると思う」

これ以上、反発することなどできるだろうか。

「あなたがそう言うのなら……」

そう言って、今度は逆に彼氏との交際を応援してくれるかもしれない。


ここでの**最大のポイントは「ありがとう」。つまり感謝。**

お母さんは娘の「安心・安全」を守ろうとして反発してきた。

その意図を理解し、それを言葉と態度で示すこと。本当に娘のことを思っているのであれば、ここで反発を強くする母親はいないでしょ。

これが潜在意識のメカニズム。

潜在意識は常に全力で「安心・安全」を守っている。

潜在意識にとって、「変化」はなによりも危険であって、それがどんなに望ましいことのように思えても、現状こそが潜在意識の望むべき世界だから。

しかし、そのような**潜在意識の任務は、感謝されることによって完了する。**

感謝によって潜在意識に対して、「安心・安全」を伝えるのです。

「ありがとう」は「大丈夫」の意味。

人からの親切を受けたときに「ありがとう（Thank you.）」と言うけど、これは「あなたの親切によって私は大丈夫となりました」という意味。

また、人からの親切を断るときも「ありがとう（No, thank you.）」と言う。

これは「あなたの親切を受けなくても私はすでに大丈夫です」という意味。それによって親切を与える人の任務は完了。

まとめ・願いをかなえるメカニズム

なぜ願望が実現しないのか。それは潜在意識が親切だから。

潜在意識があなたを愛しているから。

あなたを危険な目にあわせたくない、あなたを変化させたくない、じつに「愛」そのもの。

その「愛」に応えるには「感謝」しかない。

あなたの願いをかなえないのも潜在意識であれば、かなえるのも潜在意識。

その愛ゆえに、最初はなんとかして危険な目にあわせないよう、全力で阻止してくる。

そんなとき、**潜在意識のそもそもの意図さえ理解してあげれば、潜在意識はふっと力を緩めて、逆に応援に回ってくれる。**

潜在意識の意図を理解するだけ。

そのためには「感謝」の気持ちを伝えること。
そのことで力が抜け、リラックスに転じる。
これもまた、さとりであり、このときにこそ、真に願いはかなう。

願いをかなえるにはさとりをひらくこと。
そのためのメカニズムを、整理するとこうなる。

願望を明確にする
↓
願望に対する執着を強める（ストレスをかける）
↓
力が抜けるまで執着する　←　〝ため〟を思う　＋　「感謝」する
↓
力が抜ける＝さとり（リラックスする）

願望実現！

↑

これがさとりのメカニズムであり、さとりに向かうことこそが、願いをかなえる「宇宙の法則」。

そして、大切なのは実際にこれから願いをかなえること。

第二章では、このさとりのメカニズムを用いた、**誰にでもたくさんの願いをかなえることができる願望実現の「秘伝」**を伝授しよう。

実践の前にまずは理解。

この章の内容が理解できれば準備完了。

いよいよ「願いをかなえる人」に向かってスタート！

第二章

実践！　１００日で願いをかなえる「秘伝」

「アレ」をして4か月で月収100万円を超えた男

第一章では、さとりのメカニズムと、さとりに向かうことこそが、願いをかなえる「宇宙の法則」だとお話しした。

それでは、**さとりのメカニズムを用いた「願望実現の秘伝」**（以下「秘伝」）を伝授したいと思う。

その「秘伝」とは、とても簡単なこと。

まずはその方法をオレが体験、体感したきっかけについてお話ししよう。

オレが2005年に会社を辞めたとき、手持ちの全財産は30万円のみ。

それでいて、資格なし、能力なし、コネなし、なにもなし。にもかかわらず、再就職する気ゼロ。

あるとすればプロローグでも話したように、ある人に言われた話を信じ、「思い込み」だけで人生を切り開いてやるというテンションだけ。

でも同時に、ひとつの面白い話がオレを支えていた。

それは、知人の話。その男はオレと同じような「なにもなし」の状態だった。

それにもかかわらず、**たった4か月でゼロから月収100万円超えを果たした。**

ある日、彼を含む4、5人で「オマエ、すげ～な」みたいな話をしているとき、一言、ポツリともらしたのが、

「アレ、続けてるんです」


「アレ」とは、そこにいた他の人たちも前に聞いていたこと。

しかし、他の人たちはほとんど収入も上がらないままで、「アレ」の話を聞いたことさえ忘れていた。

「アレ」とはなにか。それは、とあるビジネスの成功者が極秘に伝えてくれたこと。


「願いを毎日紙に10回書く」

彼は、紙に毎日10回「月収100万円を突破しました」と書いていた。

もちろん、それ以外にもきちんと動いていたからこその結果。

であっても、「アレ」をしっかり続けていた人間と、そうでない人間とは、たったの4か月でその明暗を分けてしまった。じつに恐ろしい話。

「改訂版アレ」をやったら100日で驚きの結果が!

オレもちょうど会社を辞める直前、その話を直《じか》に聞いて、「よし、それやろう!」

と決意。それが、辞める後押しのひとつにもなった。

会社を辞めて、とりあえず3週間ほどインドに行って、帰ってきたその日から実践。


「月収100万円を突破しました」

どうなったか。

結論から言うと、書くこと自体が1か月でストップ。もちろん100万円突破せず。

それにしても、**同じフレーズを単純に10回書くだけ。時間にして2分弱の作業。**

たったこれだけのことが、1か月続かないなんて！

テレビ見たり、マンガ読んだり、ネットサーフィンしたりなんかは、1日何時間でもほぼ365日続けられるのに、2分のことが続かない。

しかも、あれだけ続けると決意を強くしたのに。

先ほどの、「アレ」を続けた男はずっと続けていた。

一方で、それ以外の3、4人は、きっと最初の方はやっていたのだろうけど、オレと同じく、続けられなかった。

ただ、その後のオレに関しては、運よくというか、奇跡的というか、なんとかフリーランスの立場で食っていけていた。

月収100万円には程遠いながらも、サラリーマン時代の収入に届くかどうかくらいにはなっていた。

といっても、かなりギリギリの綱渡りには変わりなかったのだけど。

そんなことが4年ほど続きながら、ちょうど2009年が半ばを過ぎようとしたとき、本格的にヤバい状況が襲ってきた。

手持ちの現金がなくなり、カードで借金するほどに。

そこで思い出したのが、アレ。そういえば、願いを毎日10回ずつ書きつづけて、4か月で月収100万円突破した男がいたなあ。

オレもそれを真似たけど、1か月しか続かなかった。もしアレを4か月も続けていたら……。

もう、わらにもすがる思いで、アレを再開しようと思った。

ただ、そのときはいろんな勉強もしていたし、セミナーやコーチングで身に付けたノウハウもある。

それらを結集して、**単純に「1日10回書くだけ」をさらに進化させた方法を編み出した。それが「改訂版アレ」。**

２００９年７月１日から始めて、ちょうど１００日間毎日続けた。

その結果どうなったか。


「8月にブログのアクセスが3倍に」

「9月・10月に企画した高額セミナーがすべて満員御礼に」

「9月についに月収１００万円を突破」

「10月1日に商業出版決定（発行は12月14日）」

「素晴らしい出会いの数々」


つまり、窮地を脱したのだ。

その後は、手を出してしまっていたカードの借金もすべて返し、拙著『宇宙とながよし』（評言社）を出版して、アマゾン総合1位となりすぐに版を重ねた。

さらに、セミナーやコーチングの事業も順調に回りはじめ、さらに企業や商工会議所から講演に呼ばれるようになり、現在は、**月収にして２００万円から３００万**

円くらい。

だからといって、働きづめってこともなく、季節ごとに泊まりの家族旅行、年に2回は大好きな海外旅行にも。

実質的には週休5～6日で、育児やライフワークとも完全に両立。

こうなったターニングポイントはいつだったか。

まぎれもなく、2009年7月1日の「改訂版アレ」を始めたとき。

振り返ってみると、**その日から願いがガンガンかなうようになり、いまでは、願ったことはまず間違いなくかなう状態に。**楽勝。

その後、「アレ」も何度か改訂を繰り返し、よりシンプルに、より確実性を追求した「最新版アレ」が完成した。

それが、いまからお伝えする秘術、通称「願望実現の秘伝」です。

ついに公開！　100日で願いをかなえる「秘伝」

では、いきます。心して取り組んでください。

〈実践の6ステップ〉

ステップ1　ペンとノートを用意する

（ペンは2色ボールペン、ノートは、手帳サイズのもの推奨）

ステップ2　「3つの願い」を決める

- 100日以降にかなうものにする
- 否定形と形容詞を使わない
- 完了形または進行形にする

・それぞれ15〜25字以内におさめる
・自分以外の誰かが幸せになることを頭の片隅に置く

ステップ3　大きく息を吸って止める。その間、ひとつ目の願いを3回書く
そして、大きく息を吐く

ステップ4　大きく息を吸って止める。その間、2つ目の願いを3回書く
そして、大きく息を吐く

ステップ5　大きく息を吸って止める。その間、3つ目の願いを3回書く
そして、大きく息を吐く

ステップ6　最後にリラックスして「ありがとうございました」と1回書く

2014年
7月 1日 NO. 1

- 2014年以内に月収50万円超えました
- 2014年以内に月収50万円超えました
- 2014年以内に月収50万円超えました

- 今年中に結婚を前提とする彼氏ができました
- 今年中に結婚を前提とする彼氏ができました
- 今年中に結婚を前提とする彼氏ができました

- 2015年夏には彼氏とセドナに行きました
- 2015年夏には彼氏とセドナに行きました
- 2015年夏には彼氏とセドナに行きました

[ありがとうございました]

月 日 NO.

-
-
-

-
-
-

-
-
-

[ ]

100日で願いをかなえる「秘伝」書き方サンプル

〈実践するためのルール〉

●この6ステップを毎晩寝る前に100日間続ける
（各ページに日付と日数を付けておくとよい）

●それぞれの願いを書く際、前日の願いを見ずに書く
（願いの言葉は毎日どんどん変化してもよい）

●丁寧に心を込めて書く（ただし一息で）

●「気づき」があったらノートの余白に書く（赤色がいい）

●100日以内にひとつの願いがかなったら、さらなる願いに変える

●願いがかなっても、かなわなくても100日でストップする
（つぎにまた書きはじめるときは、さらに100日以上は間をあける）

●1日も欠かしてはならず、忘れてしまったら最初からやり直し
（万一忘れてしまったら翌日起床して1時間以内ならOK。ただしそれも3回まで）

理論がわかれば効果は無限大

いかがだろう？

「これでかなうのか？」「どこが『秘伝』なのか？」と思っただろうか？

独立後、本当になにもないオレはこの「秘伝」にたどり着く前、「世の中に本当に効果のある秘術はあるのか」と、ひたすら願いをかなえる秘術を探し実践してきた。

とくに「お金」に関するテクニックは手当たり次第。

たとえば、

「満月に通帳をかざすと臨時収入が入る」

「聖徳太子の1万円札を財布に入れておくと右肩上がりに収入アップ」

「マントラを唱えるとお金持ちになる」などなど。

いうなればどれもオカルト。効果があったかどうかはわからない。

そもそも続けてもいない。一方で、**聞いた話では、いまある全財産と引き換えに教えてくれる本物の「秘術」もあるらしい。**

実際にその話をしてくれた知人いわく、「効果は絶大」とのこと。

そこで、ちょうどお酒の席だったこともあり、その秘術とやらの概要をこっそり聞き出したのだけど、それがまた拍子抜けするようなもの。

多分やらなそう。もちろん、ここには書けないけど。

ただ、そこでわかったのが、結局なにをやるにしても「効果」は本人次第ってこと。

リスクもなく簡単に手に入るテクニックはそれだけのものだけど、**全財産を差し出すほどの覚悟があるなら、効果があって当然。**

お伝えした「秘伝」についても、間違いなく全財産を差し出しても惜しくないほどの秘術だけど、その覚悟をするのはあなた次第。

いまは少なくとも、この本の購入のために、すでに投資をしているのでスタートには立った。

でも、できれば全財産を差し出しているくらいの覚悟で実践してほしい。


そして、願いをかなえる秘術に必要なもののもうひとつは「納得」。

人が動く原動力となるのは、「感情」と「理論」。強い喜びか恐怖によって湧き上がる感情で人は動く。

一方、**頭で論理的にきちんと納得できたものに対しても人は動く。**


この「秘伝」には、誰もが納得できる理論がある。

その理論に関しては、これからしっかり説明していくので、どうか最後まで読んでほしい。

きちんと納得した上で実践する方が効果は無限大だ。

3つの願いを決める理由①
～目標がないと恐ろしい人生が待っている！

以前、コーチングを始めて数か月、修行がてら「無料100人コーチング」なるものの実践をしていたときのこと。

恐ろしいことがわかった。それは、

「世の中の多くの人は明確な『目標』などもっていない」

ということ。ただ、日々をなんとなく暮らしている。

毎日のルーティンをこなしながら、ただ生きているだけ。といいながらも、漠然とした不安や不満は常に抱えている。

お金の心配、健康の心配、人間関係の心配、結婚できるかどうかの心配、などな

ど。だからといって、明確にどうしたいかを表現できる人はごく少数。

ある日、いつものように無料セッションを開始して、

「では、たとえば3年後、どのようになっていたらいいな～と思われますか？」

と質問したら、返答がない。しばらく待っても同じ。そこで、助け舟として、

「そうですね、たとえば、経済的な自由とか、時間的な自由とか、ありませんか？」

と聞くと、「あ、それでお願いします」と。

お願いされても困る。申し訳ないけど、自分の人生は自分で決めないと。

オレの人生の恩人である、ベストセラー『営業マンは「お願い」するな！』（サンマーク出版）の著者であり、営業の神さま・加賀田晃先生から聞いた話。昔のマンガらしい。

――

あるところに4人の少年がいました。

将来なにになりたい？　と語り合ってるとき、ひとりはお医者さん、ひと

りは警察官、ひとりは弁護士、そして最後のひとりは……わからん。

数年後、その街で殺人事件が起こります。あるお医者さんが殺害され、犯人はすぐに捕まり、裁判が始まった。

話の流れからわかると思うけど、医者、警察官、弁護士はそれぞれの夢をもっていた少年で、犯人は「わからん」と答えた最後の少年（お医者さんには理不尽な話だけど）。


加賀田先生はこの話を読んで、**夢や目標をもたないことの恐ろしさに戦慄したと**のこと。

つまり、夢や目標をもたない人間になにができるんだ、ってこと。

スピリチュアル系の本やブログを読んでいたら、さも、夢や目標に生きる人間が浅ましいかのような書きぶりを目にする。

よくある「あるがまま」に始まって、酷《ひど》いのになると「猫のように生きなさい」なんてものまで。

だったら猫になれっての！　ご主人からマンマ食わしてもらっとけっての！

そうじゃないでしょ。正直な話、「ボクには夢も目標もないんです(´∀`)」みたいなサトリ顔して語ってるやつって、悪いけどなんか妙に腹立つ。だったら草食って生きとけみたいな。

とにかく、人間である以上、夢や目標、願望をもって生きる方がはるかに楽しく充実した人生になる。何度も言うけど、願望のない人生などクソ認定。

ただし、願望をもとうがもつまいが、**日頃考えていることが100％寸分違《たが》わず実現しているのもまた事実。**

「夢も目標もない」と語る自称サトリ人も、意識しようがしまいが、人間である以上、なにかは見ているし、考えている。

たとえば、いまこんなワークをやってみよう。

つぎの文章をサッと読んで、すぐに実践してほしい。

1. 目を瞑《つむ》る
2. 部屋の中の「赤いもの」を隅々まで思い出す
3. 目を開けて、部屋を見回し「赤いもの」を確認する

どうだった?

目を開けた瞬間、部屋の中の「赤いもの」が目に飛び込んできたはず。

そして、いままで気がつかなかったような「赤いもの」まで発見できたのではないだろうか。

これが「認識」の力。そして人は「知っているもの」しか見えないし、いつも**「頭に思い描いている」ことだけを実現している。**

アマゾン奥地などで原始的な生活様式を送っている住民は、「自動車」の前に立ってもそれが見えないそうな。

厳密には目に映ってはいても、そもそも「自動車」という概念がないから、記憶にも残らなければ、触れようとすることもない。

彼らにとって、「自動車」は現実ではないのだから。

同じようにあなたも、願望という認識がなければ、それを見ることもできなければ、触れることもできない。そして現実になることは永遠にない。

逆に、普段から願望を強く強く念じ、強く強くイメージしていたら、それはいつしか現実となる。じつにシンプル。

だからまずは、願望を書くこと。書いて認識することからスタート。

とりあえずなんでもいい。

願望や目標を3つ書いてほしい。

目標の規模、書き方にも制限はない。

まずは、なにか書いてから進んでほしい。

後から修正もできるし、読みながら修正した方がより明確になり、かなうスピー

あなたの「3つの願い」を書いてみよう

ドも上がるから。

3つの願いを決める理由②
～宇宙の数字で願え！

さて、この「3つ」という理由もお話ししよう。

最初の「3つの願い」もそうだし、ここでの「3回書く」にもあるように、「3」が続いている。

「3つの願い」って昔からなぜかよく聞くよね。

願いといえば3つ。ひとつのことはあっても、2つでも4つでもない。

なぜか3つが多い。たとえば、『アラジンと魔法のランプ』もそうだし、シャルル・ペローの『愚かな願い』も3つだった。

じつはこの「3」って数字、別名「宇宙の数字」。

まず、この世を作ったのが「3」。

人類の最初の男女がもし子どもを産まなかったら、オレたちはいまここにいない。

つまり「2」はそのままだと消滅してしまうけど、そこから「3」になって初めて成長や発展を遂げる。

そのおかげでオレたちはこうやって生きてるし、安定した世の中が作られた。

とにかく、「3つの願い」にはどこか心地のよい安定感があって、しっくりくる。

昔、『だんご3兄弟』って歌が大流行《はや》りしたけど、あれが『だんご4兄弟』だったら、おそらく流行ってないよね。

実際にはほとんどが4つで、3つのだんごなんて実物を見ることもないのに、「3兄弟」にするとなぜかしっくりくる。

「3」はどこか人間の深層心理に訴えかけるんだよね。

なので、願いは3つでよろしく。

つぎに「3回書く」だけど、これは「流れ星」への願いを思い出してほしい。

「流れ星が消える前に願いを3回言えばかなう」ってやつ。

これもまた単なるおとぎ話のようだけど、これこそ完全なる真実。

流れ星が見えている時間って0・5秒もないでしょ。3秒も流れる星があったら見てみたい。なので、0・5秒で3回言うなんて、どんなに早口でも不可能。

だけど、それをとっさに言えるほどに常に願っている、フォーカスしているのなら、それはかなわない方がおかしいってわけ。


とにかく、流れ星じゃなくてもいい。

カラスがかあかあって鳴いている間でもいいし、スカートが風でめくれそうになる瞬間でもいいし、信号待ちで止まっているときに目の前をフォルクスワーゲンが通り過ぎる瞬間でもいい。

不意になにかが起こる瞬間に、願いを3回言えるほどにインプットしていたら、その願いがかなわないことは、太陽が西から昇るほどにあり得ないこと。

その「なにか」は自分で決めてもいい。

パッと来たらパッと3回唱えるみたいな感じで。

というわけで、願いは「3つ」、それぞれ「3回」書くのがルール。

否定形が入ると絶対にかなわない
～「タコタコ星人を想像しないで」

「これ以上、貧乏になりませんように」

「一生独身で過ごしませんように」


こんな願いをもつ人がよくいる。

いわゆる「否定形」の入った願望。

結論から言うとこれは絶対にかなわない。むしろ、否定する前の（先の例だと「貧乏」と「独身」）がかなってしまう。

たとえば、つぎの一文を読んでみてどうか。

「UFOから出てくるタコタコ星人を想像しないでください」

あなたはいま、間違いなく「UFOから出てくるタコタコ星人」を想像したはず。

つまり「しないでください」と否定形で言われても、命令通りに否定することなどできない。むしろ余計にその対象への焦点が強くなるもの。

「かゆくなっても鼻を触らないでください」

いま思わず鼻を触ろうとしたでしょう？

なんだか、余計なことを言われたばかりに触ってしまった。

このように**否定形には対象を打ち消すどころか、強化する働きさえある。**

願望を明確にする上でも同様、否定形を用いると、逆にそこに焦点を強く当てる結果となり、望まぬ現実を引き寄せてしまうもの。

以前、あるお寺に行ったときのこと。

そこには不動明王が祀《まつ》られていて、その脇の壁に奇妙な紙が貼ってあるのを発見。

見るともなしに見てみると、そこには、

「○○が学校でいじめられませんように」


と、10コ連ねて書かれていた。○○とは、おそらくそれを書いた人の息子さん。

いま学校でいじめにあっているのかな。

その貼り紙を見て胸が苦しくなってきた。

なぜならその貼り紙からは、○○君が学校でいじめられている姿しか浮かんでこなかったから。

○○君が学校で「いじめられない」ように振る舞ったとしても、逆に「いじめ」を誘発しやすくなるもの。
両親が○○君に対して「いじめられないようにしなさい」と言ったとしても、○○君はなおさらに「いじめ」をイメージしてしまうから。

いじめをなくすには、いうまでもなく、いじめに対する具体的な問題解決が必要。

でも、もし不動明王にお願いするのであれば、「学校でいじめられませんように」ではなく、**「楽しく学校生活を送れますように」**とした方がいい。

あなたの願望も同じ。


「貧乏にならない」→「お金持ちになる」

「一生独身で過ごさない」→「結婚する」

「太らない」→「やせる／標準体重に戻す」

「嫌われない」→「好かれる」

「失敗しない」→「うまくいく」

「緊張しない」→「リラックスする」


もし、願望に否定形が入っていたら、すぐに肯定形に書き直そう。

「幸せな」「楽しい」「自然な」は亡霊のようなもの

それからもうひとつ、願望を書くときによく入れてしまうのが「形容詞（形容動詞）」。

たとえば、「1年後はどうなっていたいですか？」という質問に対して、「幸せでいたい」「楽しくいたい」「自然な状況でいたい」などと答える。

いずれも「幸せな」「楽しい」「自然な」という形容詞（形容動詞）が中心になっている。

それがあると、**願望・目標が不明確になり、潜在意識はなにをどう実現させようか迷ってしまう。**

コーチングのセッションであれば、「では、あなたにとって『幸せ』とはどういう状況ですか？」とさらに質問をし、明確にすることができる。

そうでなければ、**形のない亡霊のような願望を追いつづけなければならない。**

なので、願望を書く際、形容詞が出てしまったら、それを「動詞」や「数値」に置き換えてみる。

一例をあげると、「幸せな」という形容詞（形容動詞）は、「恋人ができる」という動詞、他には「月収100万円を突破する」という数値に展開するなど、**具体的な状況をぶち込むこと。**

そしたら潜在意識は迷わなくなる。

また、目標設定においては、ある程度の決まったモデルがあるので、それも参考までに。「SMARTモデル」と呼ばれている。

S：Specific（具体的である）
M：Measurable（測定可能である）
A：Achievable（達成可能である）
R：Reasonable（価値観に合う）

T：Time（期日がある）

たとえばオレが実際に書いた願望を3つほど紹介しよう。


「2009年中に本を出版し、アマゾン総合1位になる」

「2009年中に月収100万円を突破する」

「2013年以内に体重が65キロになる」（←半年前は76キロだった）

これらはすべてその通りにかなった。

まず、どれも具体的（S）。数値化されて測定可能（M）。

なんとかがんばれば達成できると思っていた（A）。

「価値観に合う」とは、簡単に言えば、「本当にやりたいか」くらいにしておきましょう（R）。そして、どれも期日がある（T）。

まあ、「目標設定」に関しては、世の中にもっと専門的な本がたくさんあるので、書店のビジネスや自己啓発のコーナーで探してみてはいかがだろうか。

あまり厳密にやり過ぎても先に進まないので、とりあえずは、願いを3つ書くこと。

その際、「否定形」は使わない、「形容詞（形容動詞）」はなるべく使わない、できれば「SMARTモデル」でチェック、くらいでいい。

「希望」はかなわない？

ここまでの説明で、3つの願いは書けると思うけど、もういくつか補足。

ひとつ目は、**100日以降にかなうものにすること**。

たとえば、「10日後に試験があるので、それに合格するように『秘伝』を実践しよう！」と考えても、ま、それまでの蓄積がなければ難しい。

「100日以内にかなえる」のではなく、「100日間でコンディショニングする」のが正確。

血液が入れ替わるのも、皮膚が生まれ変わるのも100日は必要っていうから、それくらいの期間をかけてじっくりと潜在意識に刷り込もうって意図。

もちろん100日以内にかなってもそれはそれでいいけど、あまり焦っても逆効果だからね。

2つ目の補足は、語尾は「完了形」かまたは「進行形」にすること。

たとえば、

「お金持ちになりますように」

これを見てどう感じる？

普通の願いのように見えるけど、もし「これ」が実現するとすればどうか。

「お金持ちになりますように」という状況が実現してしまう。

そんな願いをするのは、それがかなってないからでしょ。

実際にお金持ちの人はそんな願い事はしない。

ポルシェを持ってる人は、マニアでもないかぎり、「ポルシェが欲しい」とは言わない。

結婚してる人は、「結婚できますように」とは言わない。

だから、「〜ように」のような、希望系の語尾はNG。

希望している状況がかないつづけても、意味ないから。

だから、このケースだったら、

「お金持ちになりました」


と書く。ただ、それで自分の中の「ウソついてる感」が気持ち悪ければ、「進行形」でもいいでしょう。

「お金持ちになりつつあります」みたいな。

ほんとはウソでもハッタリでも、**紙に書くくらいなら誰も文句言わないんだから、**

「ました」のような完了形で書くのがベター。

だけど、いまの段階ではまだそんな強気になれないなら進行形もＯＫ。まずはね。

３つ目の補足は**「それぞれ15～25字以内におさめる」**こと。

なぜかは、後（１５８ページ）で説明するので、とりあえずその字数を意識してほしい。

４つ目の補足は**「自分以外の誰かが幸せになることを頭の片隅に置く」**だけど、第一章の「『欲張りな夢』ほどかないやすい」という話を思い出してほしい。

自我がなくなるときに願いはかなう。

そのためには、いろんな条件があるんだけど、「他」の幸せを願うことで、「自」の強さを弱めることが有効。

ただし、これは２つの意味で少し厄介。

ひとつは、「自分のために『他』を思う」って本末転倒状態に陥りやすいから。

「寄付金の10倍が収入になる」なんてオカルト法則を真に受けて、困ったときだけ寄付するようなもの。それって完全に自分中心。

もうひとつは、「いい人」になろうとすることの弊害。

つぎの第三章で話すけど、**「いい人」って基本的に願いをかなえる力は弱いですからね。**

なので、この補足に関しては、本当に心から幸せを願える人にかぎった方がいい。**オレだったら、まずは子ども、家族、そして身近な人くらい。**まだまだ人間も小さいので、地球の裏側の知らない人のことまではリアルに思えないのが正直なとこ。

だからといって、責められることではない。まずは素直がいいね。

「秘伝」の肝は願いをかなえる呼吸法

これで一応、3つの願いは決まった。

何度も言うけど、あまり厳密でなくていいから。

まずは書いてみよう。後で説明するけど、この3つの願いは文言自体が変わってきてもいいから。

で、「秘伝」の肝がこちら。

「大きく息を吸って止める。その間に、ひとつ目の願いを3回書く。そして、大きく息を吐く」

人間も動物も植物も、生命はすべて「呼吸」があってのこと。

生と死の違いは呼吸があるかないか。

だから、オレは常々、「呼吸の質は人生の質」って言っている。

同時に人間にとって呼吸ほど特異な行動もない。

産まれた瞬間から始まって、あの世に行くのと同時に終わる。

それはすべての動物がそうではあるけど、人間は呼吸を自由にコントロールできる点でじつに珍しい生き物。

たとえば、「右手を上げてください」と言われたら、普通に上げられるよね。

だけど、「心臓を止めてください」とか「お腹だけ汗を流してください」と言われても普通はできない。

インドの山奥に住むヨガの行者はできるって聞いたけど、見たことはない。

つまり、**人間には自分でコントロールできる動作（随意筋）と、できない動作（不随意筋）があって、呼吸が面白いのはその中間であること。**

普通は無意識にずっと手を動かしつづけるってことはないだろうけど、心臓をはじめ他の臓器はずっと動いている。

そしてさっき言ったように、意識的に手を動かすことはできるけど、意識的に心臓を止めたりすることはできない。

それに対して呼吸は「無意識に続けている」と同時に「意識的に止めたりする」こともできる。

つまり、**呼吸は「意識と無意識の架け橋」**といえる。

たとえば、緊張でガチガチになっている人に対して、「緊張しないでください」と言っても、それは無理な相談。言われてできれば苦労はない。

だけど、別の方法で緊張をほぐすことはできる。

「緊張していない状態」とはなにか。

それは呼吸が深い状態。緊張している人は例外なく呼吸が浅い。

なので、**緊張をほぐすには呼吸を深くすればいいだけ。**

意識的に深呼吸すれば、無意識にしてしまっている緊張はほぐれるから。

緊張の例を出したけど、じつのところ、人間の「状態」って2通りしかなくて、それは「緊張」か「弛緩」のどちらか。

つまり、「ストレス」か「リラックス」。

オレたち人間はお母さんのお腹の中にいるときは、羊水に包まれ、あり得ないくらいリラックスしていた。

それが出てきた瞬間、突然、大気にさらされてストレス状態に置かれる。

とにかく呼吸しなきゃならないってんで、大きな産声を上げて外界と順応を図ろうとする。

慣れてくると、次第にリラックスするんだけど、お腹がすいたり、おむつがぬれたり、大きな音を聞いたり、不安になったりするとまたストレスになって、その繰り返しで成長していくもの。

そして常日頃、**ストレスの多い人は、だいたい呼吸が浅くて速い**。

一方、リラックスしている人は、だいたい呼吸が深くてゆったりしている。

一説によると、一生涯でする呼吸の数って決まっているらしい。

呼吸が速い人はそれだけ呼吸を消費するので短命だけど、**呼吸がゆっくりしている人は長生きする**そうな。


呼吸は人生のすべて。

呼吸さえきちんとしとけば、人生はどうとでもなるってわけ。

健康も、そしてじつは願いをかなえるのも呼吸次第。願いをかなえるには、願いをかなえる呼吸がある。

「ワクワク」の本当の意味

人間は産まれた瞬間にストレスにさらされ、生きること自体がストレス。

だけど、それは成長する上で重要なこと。

ストレスなきところに成長はなし、成長とストレスは常にセット。

つまり、願望実現もまたストレス。だから、一番楽なのは成長しないこと。

ところで、スピリチュアル界にはかの有名な「バシャール」って宇宙人がいる。

ダリル・アンカなる人のチャネリング（交信）によって、人々を幸せに導くメッセージを届けている。

その、バシャールの言葉の中でもっとも有名なキーワードが「ワクワク」。

「ワクワクすることを見つけると、夢がかなう」というようなことを言っている。


ただ、そもそもバシャールのメッセージは英語で書かれたもので、まさか原書で「WAKUWAKU」ってことはない。


そして意外と知られてないのが、「ワクワク」のそもそもの原語。

知ってた？　それは「EXCITEMENT」、つまり「興奮」。

おそらく訳者がその意をくんで「ワクワク」って言葉に訳したのだろうけど、確かによく伝わるし、実際に伝わっている。

けっして悪い訳とも思わないけど、だけど、厳密ではない。


人は産まれた瞬間にストレスにさらされるって言ったけど、ブリッジェスという心理学者によると、産まれた瞬間の感情って「興奮」しかないそうだ。

この「興奮」が発達とともに「快」と「不快」、さらに複雑な情緒に分化していくんだけど、もともとはこの「興奮」がすべて。

興奮には、快と不快があるわけだけど、「願望」の中にも常にその2つがある。

「結婚したい」という願望の場合、確かにそれは「快（たとえば喜び）」なんだろうけど、同時に「不快（たとえば恐怖）」も隠れている。

不快が強過ぎるとその願望はかなわない。

願望が単純に「ワクワク（喜び）」だけだったらかなって当たり前なはずが、その裏の恐怖や不快な感情がブレーキをかけている。

いうなれば、**喜びによってアクセルを踏んでるのだけど、それ以上の強さで恐怖のブレーキがかかった状態。**

かなわない願望ってだいたいがこんな感じ。

そこで、願いをかなえるには快を強めればいい、って考えたくなるだろうけど、じつは違う。

興奮の中に快や不快があるのではなく、もともとは同じもので、快を強めれば、興奮それ自体も強くなり、不快も強められる結果となる。


では、どんな状態で願いが実現するのか。

それは快も不快もない状態。

つまり、興奮もせず、もちろんストレスもなく、**完全にリラックスした状態こそが願いを実現する状態。**


だってそうでしょう。「結婚したい」と願っている人が、いざ結婚してしまったら、確かに幸せではあっても、そんなにいつもいつもワクワク、ドキドキしないでしょ。


「月収１００万円超えたい」と願っている人も同様。

実際、超えてしまうとなんてことない。

願いの実現ってのは、そういうもの。

どうすればそうなれるのか。それがリラックス。

それはすなわち、さとり……だったよね。

夢を語るときは笑っちゃダメ！

願いを目の前にすると、どうしても興奮が生じて呼吸が浅くなる。

その後、呼吸が深くなったとき、それがリラックスであり、願いの実現した状態になる。

ただし、**最初からリラックスすることで願いの実現が得られることはなく、それはストレスとセットでしか得られない。**

人間は産まれる前、羊水の中で完全にリラックスしているが、出てきた瞬間にストレスにさらされる。

それが慣れるとまたリラックスになり、赤ちゃんとしてのひとつの成長がある。

その繰り返しで大人になり、つぎつぎと変化していくもの。つぎの図のように。

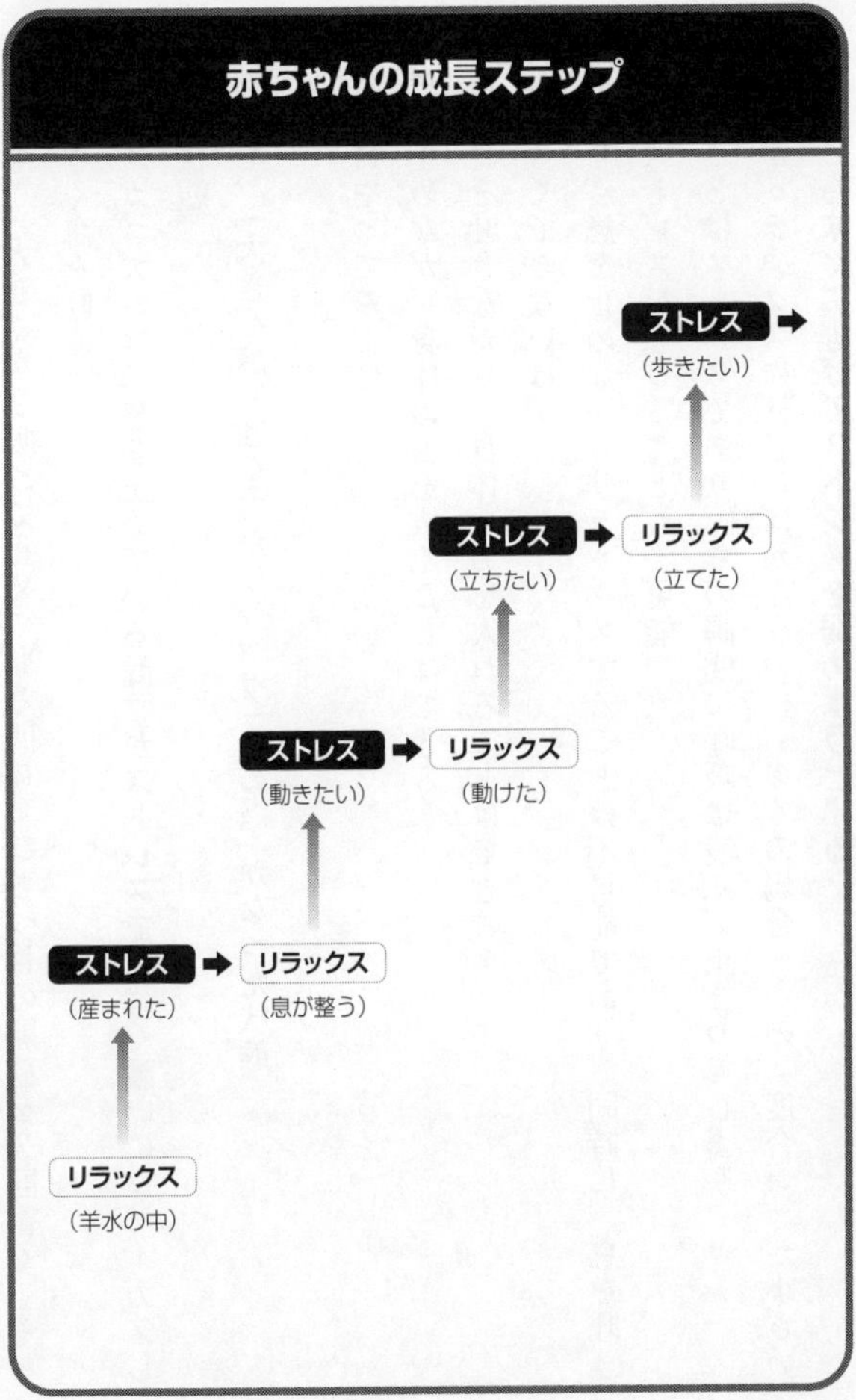
赤ちゃんの成長ステップ
ストレス
（歩きたい）
ストレス
（立ちたい）
リラックス
（立てた）
ストレス
（動きたい）
リラックス
（動けた）
ストレス
（産まれた）
リラックス
（息が整う）
リラックス
（羊水の中）

そこで、「大きく息を吸って止めている間に、ひとつ目の願いを3回書く。そして、大きく息を吐く」。

このメカニズムは**「息を止めている間」がストレスで、強く願いにフォーカスしている状態。**

そして、「大きく息を吐く」がリラックスして、かなった状態。

実際にやってみてほしい。

息を止めながら身体の力を抜くことはできる？

逆に息を吐きながら、身体に力を入れることはできる？

おそらくできないはず。

つまり、息を止めながらリラックスすることは不可能であり、同時に、息を吐きながらストレスを感じることも不可能。

願うことはストレスであり、その瞬間に呼吸は浅く、止まってしまう。

それがリラックスに転じればかなうのに、多くの場合、その「度合い」が小さい。

願ってもすぐに逃げてストレスを弱めようとする。

たとえば、セミナーでもよく実演するんだけど、なにかちょっと大きな願いを口に出してもらう。

すると、ほとんどの場合、口に出した直後にふふっと笑ってしまう。


「3億円貯まりました。ふふっ」

「じつはアイドルと付き合ってます。ふふっ」

「月収100万円になりました。ふふっ」

「私の彼氏は小栗旬似なんです。ふふっ」


なぜに笑うのか。それは願いを口にした瞬間にかかるストレスから逃れるため。

願いをかなえるにはエネルギーが必要。

そのエネルギーは、ためればためるほど、圧縮すれば圧縮するほど強大なものになり、実現へと加速するもの。

笑っちゃダメなの。エネルギーをチャージするのに。

だからこそ、ここで「呼吸を止める」のが効果的。

3つの願いについて、それぞれ3回ずつ紙に書く。

その際、それぞれ息を止めておく。

すると、**書いている間はその願いに向けたエネルギーがチャージされる。**ストレスが圧縮される。そこで大きく息を吐く。

すると、身体は勝手にリラックスに転じ、**書いた願いが一気に潜在意識に吸い込まれるわけ。**

リラックス状態にあると、潜在意識は驚くほどに無防備だから。

なぜ100日で潜在意識が変わるのか?

ただし、何事もそうだけど、1回やそこらやったくらいでかなうことはない。

意識の2万倍の力をもつ潜在意識に願いを浸透させるには、**「繰り返し」と「インパクト」が重要。**

確かに、生きるか死ぬかの衝撃的な体験でもすれば一発で入ることもあるけど、それを再現するにはかなりの覚悟と勇気が必要。

それこそ会社を辞めるとか、離婚するとか、無一文で海外に出るとか、一晩で300万円使うとか、新宿のど真ん中で振付しながら歌うとか、いままでの人生であり得ないことでもしないかぎり。

だけど、いまはそこまでは求めてない。

地道かもしれないけど、ここは繰り返すのが確実。

だから、この「秘伝」をまずは100日続けること。

100日ってことは、だいたい3か月。

ここでも「3」が出てくるんだけど、血液が入れ替わってサプリメントの効果が出たり、ターンオーバーといって皮膚が生まれ変わるのも3か月といわれている。

つまり、**3か月で体質そのものが変わってしまう**。

第一章で、潜在意識は「身体」だと言ったよね。

身体の質（体質）が変わるくらいに、3つの願望にフォーカスしてたら、それは身体（潜在意識）に入らない方がおかしいでしょ。だから実現する。

昭和の大作詞家も実践していた！

ところで、この「大きく息を吸って止めている間に、ひとつ目の願いを3回書く」は、最初は「息を止めている間に、願いをイメージする」だった。息を吐くのは同じ。

だけど、「イメージ」って苦手な人がいる。

先ほどの「タコタコ星人を想像しないでください」じゃないけど、「結婚したい」と願っていても、どうしても素直にイメージができなくて、その逆をやってしまうことがある。

「一生独身でいることをイメージしないでください」と言われるようなもの。

「貧乏でいることをイメージしないでください」と言われるようなもの。

イメージの世界には否定形がないから、ネガティブにとらえる人にとってはイメージング自体が逆効果。


だけど、「書く」はイメージが苦手な人でも間違いない。

紙に残る文字は同じだから。

しかも、**書いている間はその言葉通りのイメージが自然と出てくるもの。**

だから、万人向けとして「書く」にしたのだけど、もともとは「イメージ」から。


そもそもこの方法は、オレのライフワークのひとつでもある「滝行」をしているときに降りてきたもの。

「あ、そうか。これが願望実現の普遍的なメカニズムじゃないか」とわかった。

そしてさっそくその日のブログに書いた。


「『息を止めている間に、願望をイメージする、そして吐く』これが願いをかなえる絶対の法則でありメカニズムである」と。するとすぐに読者さんからメールが。

「その方法は、阿久悠《あくゆう》さんがやってたのと同じですよ」

阿久悠さんとは、若い人にはもうメジャーじゃないかもしれないけど（オレよりずっと上の世代でもあるけど）、昭和を代表する大作詞家。

ＡＫＢ48をプロデュースしている秋元康さんよりもずっとずっと売れていた。いまと違ってレコードの売れる時代だったのもあるだろうけど。

その阿久悠さんがやっていたのがこう。

息を吸って、止める。

その間にレコードが売れて、たくさんお金が入ってくるイメージをする。

最後に吐いて考えないようにする、忘れる。

ただ、それだけ。それを習慣として続ける。

それをやらずに歌がヒットすることはなかったそうな。

なるほど。オレが滝行中にもらったやり方とまったく同じだ。

そしてこの方法はつくづく理にかなっている。

息を止めている間はさっきも言ったようにストレス。

しかも、それはハンパないストレス。なぜなら、息を止めていると死に直結するのだから、それ以上にネガティブなことってないでしょ。

だから、たとえば「月収１００万円を突破する」なんて願いの中の「恐怖」なんかより、ずっと厳しい。

毒を以て毒を制すじゃないけど、**死に直結する一番強い毒を注入してしまえば、それ以外の恐怖や不安などどうってことない。**

「願いがかなったらどうしよう、変化したらどうしよう」なんてストレスも、死ぬことに比べたら楽勝でしょ。

「死ぬ気でやればできる」なんて言い方もあるけど、潜在意識が「死」に直面するほどのストレス下で「願望」をイメージすると、それは不思議とスルスルッと入っていくもの。

だけど、イメージが苦手な人もいるので、ここは「書く」で統一。

ルールの中に「それぞれ15～25字以内におさめる」ってのがあるけど、これは「息を止めていられる間」で書ける字数ってこと。

そもそも、あまり長いと潜在意識は混乱しますからね。

何事も簡潔、シンプルが一番。

金メダリストの無敵になれる習慣

さて、「大きく息を吸って止めている間に、ひとつ目の願いを3回書く。そして、大きく息を吐く」をやりきったら、つぎはどうするか。

第一章で話した『こびとのくつや』のおじいさんが、こびとたちに服や靴をプレゼントしていたように、元ヤン彼氏との交際を反対するお母さんに御礼の言葉を述べたように、最後は「感謝」で締めくくること。

つまり、**最後の行には「ありがとうございました」と1回書けばいい。**

潜在意識は変化から身を守る。

つまり、2万倍の力で願望実現を阻止する。

そこで潜在意識に「感謝」することで、その使命は完了。

最後の「ありがとうございました」は潜在意識に感謝して、変化を受け入れてもらうための必須フレーズ。

それに加えてこんな話。2012年のロンドンオリンピックでは、ある日本人選手が素晴らしい快挙を成し遂げた。

ボクシングのミドル級で金メダルをとった村田諒太選手。

日本人を含むアジア人は欧米人と比べて小柄な階級が多く、重量級であるミドル級で好成績をおさめることは極めて困難。

村田選手が金メダルを獲得した後、選手のプライベートにもテレビカメラが潜入した番組をたまたま見ていた。

そこで強調されていたのが、村田選手の奥さんの興味深い習慣。

それは金メダルを取る前から、

「金メダルを取りました。ありがとうございます」

と、書かれた紙を冷蔵庫に貼り付けて、夫婦で斉唱していたこと。

つまり、感謝の先取り。番組のレポーターやコメンテーターも驚いていたけど、それはじつに理にかなった習慣。

ここでのポイントはいうまでもなく「ありがとう」。

スポーツ選手のみならず、理想の姿をイメージすることの効果は極めて高いのだけど、何度も言うように、現実と理想の間にはギャップがある。

つまり、潜在意識が理想に対して抵抗している。

その抵抗を「ありがとう」でやわらげるだけ。

もちろん、村田選手も、ただ、「ありがとう」と言うだけじゃなくて、普段から血のにじむ努力をしていたからこそ。

だけど、そんな難しい階級で金メダルを取るなんて、前例もないし、努力以上の「なにか」が大切になってくる。

その「なにか」こそが、潜在意識の抵抗をやわらげる「感謝」の言葉。

もちろん、何事も「努力」あってのことだけど、それに**「感謝」が加わると、本当に無敵になる。**

「努力」と「感謝」は車の両輪。「秘伝」でも毎日、願いを潜在意識に刷り込みつつ、きちんと行動することを忘れないように。

寝る前に書くことの不思議な効果

「秘伝」は、書く時間も決めておいた方がいい。

一番いいのは寝る前。理由は2つ。

ひとつはリズムを付けること。**潜在意識はリズムで定着**。目覚ましがなくとも、毎朝5時に目が覚める人は、そのようなリズムになっているから。よほど忙しくないかぎり、普通の人は夜になったら寝るもの。だから、寝る前に書くようにすれば、習慣化しやすいのがひとつ。

もうひとつは、まさに『こびとのくつや』じゃないけど、**潜在意識はなぜか睡眠時間中に動き出す**から。

意識と潜在意識は同時にフル稼働することはなくて、日中、意識を働かせてるとき、潜在意識は自動的に「安心・安全」の機能維持に終始する。

一方で、意識が眠った瞬間、不思議な働きがよく見られる。

たとえば、寝る前に考えていたことの続きを「夢」で見たりもするし、夢の中に突然いいアイデアが出てきたりするのもよくあること。

また、「秘伝」を実際に続けていると必ず体験すると思うけど、**夢の中で書いた願いの「主人公」になる瞬間がやってくる。**本当に不思議な体験。

オレの場合、「本の出版」を書いていたとき、ある日、やはり書店に本が並んでいる夢を見た。

他にも、アイルランドをレンタカーで回りたいと思っていたら、やはり何度もそんな夢を見た。そして実際に行った。

「正夢」とか「逆夢」ってあるのかわからないけど、日中になにかにフォーカスしてたら、しばしば**その状況が夢の中で独り歩きして、現実世界に影響を与えることが本当によくある。**

なので、「秘伝」を書きはじめて、**その内容が夢に出てきたら実現にかなり近づいていると思っていい。**ニンマリ笑おう。

その、夢の効果を引き出すもっともよい時間帯がまさに寝る前ってこと。

文言は多少変化した方がいい

「秘伝」のルールで願いを書く際、前日の願いを見ずに書く、そして願いの言葉は毎日どんどん変化してもいい。

たとえば、「2015年までに彼氏ができてプロポーズされた」って願いがあって、初日にそう書いたとしよう。

翌日も同じことを書くのだけど、前日の文章を見ながら書いてはダメ。

それだと単なる手作業になってしまい、意識から潜在意識への回路がつながりにくくなる。

なので、翌日は前日の文章を思い出しながら、そのときの言葉で書くこと。

文言が多少は変わっても問題なし。

むしろ、少しくらい変わる方が自然。それだけ、**潜在意識の受け入れ状態が整ったことになるのだから。**

この場合だと、たとえば、

「2015年内に好きな人ができてプロポーズされた」

「2015年のクリスマスはカッコいい彼と一緒に過ごした」

「2015年内に妊娠して、できちゃった婚が決まった」


このように、いつの間にか変化していてもいい。

内容そのものは変わらないけど、文言自体はその日の気分でOK。

もちろんまったく同じになっても問題ないけど、**見ながら書き写すのだけはやめときましょう**ってこと。


あと、「15〜25字以内」って制約があったけど、書きながら長くなるのは構わない。ようは、「息を止めている間」に書ければいいのだから。

ただし、息苦しいからといって、いい加減に書いてはダメ。

潜在意識は速く書くことなど求めてない。どれだけ丁寧に書くかだけが大切。

潜在意識に心を入れるイメージ。**息が苦しくとも、心を込めれば込めるほど、潜在意識にスルスルッと入っていくもの。**

「天の声」を絶対逃さない習慣

ノートには、願いを3つ×3回＋「ありがとうございました」を毎日書きつづける。

できればノート自体を最大限に活用してほしい。

「3つの願い」を書いていると、**不思議なことに、「それらをかなえるための道筋」が見えてくることがある。**

それは一瞬の「気づき」のことが多い。ほんとに一瞬だから、**願いを書いてる途中でもいいから、ノートの余白にでもメモること。**

赤色だと後からも読みやすい。後日、そのメモを見ると、「うお～、こんな気づきがあったんか～！」って驚くこともしばしばだから。

ここでの「気づき」のことを、ヒラメキとかインスピレーションとかって呼べると思うけど、オレは「天の声」くらいに考えている。

願いをかなえるためのいいアイデアを絞ろう絞ろうとしてても、ちっぽけな「意識」の中からはなかなか出てこない。

ここはやっぱり、2万倍力の潜在意識（厳密には超意識）に聞いてみるのが一番。

ただし、潜在意識が動くのは意識がダウンしているほんの一瞬だから、それを逃しちゃダメ。

あと、「3つ×3回」を書いている最中じゃなくても、**ご飯やお風呂、トイレ、歩いている最中など、ふとした瞬間に「天の声」が聞こえることがある。**

多くの人は、その声をその場かぎりで無視してしまい、本当に重要な情報をゲットしないでいる。

だから、「天の声」をサッと拾い上げるためにも、ノートは常に持ち歩いてもいいし、そうでなくても、**携帯やスマホにでもサッと書くか録音しておく癖を付けるといい。**

そのメモは後からノートの余白にでも書いておく。

そんな習慣もってる人なんて、ほとんどいないんだから、それだけでもかなり実現の達人といえるよね。

最終的に100日書き終わったときには、**そのノート自体が赤色の「天の声」で埋め尽くされているだろう。**

それって、世界中探しても、グーグルで検索しても出てこない、自分だけの「虎の巻」になるわけでしょ。それをもってて、願いがかなわない方が不自然ってこと。

ただ、「天の声」にはきちんと従う、つまり、ノートに書いたことはしっかりと実行すること。

たとえば、オレのノートのある日のページには赤色で「毎日掃除しろ」って書かれている。

確かに部屋が散らかっていたから、半日かけて自室だけ大掃除したのだけど、それから仕事や瞑想《めいそう》がすごくはかどった。

やっぱ、「天の声」にはきちんと従うべきだね。

100日以内に願いがかなったら……

当然、100日の間にいくつかの願いがかなうこともあるでしょう。

そうなったら、さらに願いの基準を上げるか、また、新たな願いに変えてもいい。

ただ、114ページのルールにあるように、

●願いがかなっても、かなわなくても100日でストップする（つぎにまた書きはじめるときは、さらに100日以上は間をあける）

は、守ってほしい。

100日書いたとしても、すべての願いが100日以内でかなうとはかぎらない。かなってもかなわなくても、まずは100日書くこと。

そして書き終わったら、いったんそこでストップ。


願いは本当に「忘れたころ」にかなう。


「秘伝」とは違うのだけど、オレは2007年に結婚して、その日から「夫婦・家族の10の願い」ってのを毎年書いている。

夫婦で話し合って、これから1年でかなえたいことを10コ書く。

収入だったり、健康だったり、子どものことだったり、いろいろ。

で、10コ書いたら封筒に入れて糊付け封印。

1年後に開くのだけど、書いたことはほとんど忘れてしまった。

結果は平均7割の達成率。ま、悪くはない。

そして開いたその日にまた新しい10コを書いて、封印。

翌年にまた開封して、書いて封印。

そんなことをここ6〜7年続けていたら、なんと、**最初の方に書いたことは100%かなってる。**

2007年というと、まだまだ生活は綱渡りに近く、「年収2000万円」なんて遠い目標だったけど、さかのぼって見てみると、そんなのもすべてかなっている。

マジで書いたことさえ完全に忘れてる。

だけど、そうやって願いってかなうんだってこと。

「秘伝」についても、100日書いたらストップ。

そして書いたことさえ忘れてしまう。

すべては宇宙におまかせ。そしたら、不思議とそれがかなうんだよね。

で、また新たに書きたくなったら、100日は間を置いて書くこと。

また新たな気持ちで「秘伝」を100日書けばいい。その繰り返し。

そしてもし、「秘伝」を続けて、ノートが何冊かたまったら、昔のノートを見てみるといい。ビックリするほどかなってるから。マジの話で。

100日間のストレスが爆発し願望を実現する

この「秘伝」は、とにかく「毎日」書くことが絶対条件。

1日も欠かしちゃダメ。

それでももし、どうしようもない事態で書かずに寝てしまったらどうするか。

酒飲んで記憶飛ばすことだってあるかもしれない。

う〜ん、本当は妥協したくないのだけど、翌朝起床して1時間以内に書けばOK。

ただし、猶予は3回までね。翌朝がそれ以上続いたら、最初からやり直し。

とにかく、**基本的には寝る前で、1日も欠かしちゃダメ。**

潜在意識はリズムが大切って言ったけど、毎日書いてるリズムが1日でも狂うと、全体が狂ってしまう。

その1日のミスが、ずっと尾を引いて、結局大きな差を作ってしまう。

だから、そうなったら最初からやり直し。そこは妥協しない。


それだけ必死でやってほしいってこともあるけどね。

まあ、毎日書くってのは、簡単なことのようで、じつはすごく大変。

やってみるとわかると思うけど、ほんの1分程度の作業なのに、それがすごくストレスになる。


だけど、この「ストレス」が大切。

100日やればとりあえずは解放されるのだから、**ストレスがたまればたまるほど、エネルギーも圧縮され、リラックスしたときの爆発がすごい。**

これを「さとり」って呼ぶというのは説明したけど、そうやって願いもかなうのだから。まずは100日、がんばってほしい。

以上が「秘伝」のやり方とその理屈。すごく簡単そうでしょ。できそうでしょ。

だけどね、本当に続く人ってじつはめちゃくちゃ少ない。

1日1分の作業が、驚くほど続かないのもよく見てきた。

なぜ続かないのか。じつはそこには深〜いわけがあるんだよね。

その話はつぎの章で。

とにかく、**きちんとやれば魔法を見ているかのように、ガンガンに願いがかなう**ので、楽しい気持ちでやるといいかな。

なにやるにしても、喜びとか楽しみとか希望が大事だからね。

第二章

宇宙の法則がわかればもう失敗しない！

効果抜群の「秘伝」の弱点とは?

「秘伝」の実現力はハンパない。

1日1分を100日続ければ、それだけで願いがかなない、人生が急加速する。大きく展開する。

そのための費用としては、この本とノートとボールペンくらい。

オレも**100円のノートとボールペンで、月収200万円を超えた**のだから、どんだけ投資効率いいんだよって話。

あ、もちろん書くだけで家でボーッとしてるわけじゃなく、そうなるための行動はそれなりにしたけどね。

だけど、同じ行動するにも「向かう先」がなければ進めない。

逆に**「向かう先」がハッキリしていれば、潜在意識は「進むしかなくなる」とな**

って、**ごく自然にそれも忘れたころにかなう**ってのがセオリー。

高性能のカーナビみたいなもんと思っていい。

セットしておけば、多少道順を間違っても目的地まで案内してくれるのだから。


ただ、それほど簡単でお金もたいしてかからず、効果抜群の「秘伝」なんだけど、これが驚くほど続かない。

いや、そもそも「続かないもん」だと思っていい。

おそらくこれを読んだあなたも、「私はそんなことはない！　こんな簡単な方法、続かないわけがない！」と思いたくなるはず。

それでも言いましょう。


「続きませんよ」


オレがいままで見たところ、100人に3人も続けばいい方かな。

そしてその3人が実際に夢をかなえている。

もっとも、この本を手に取ったようなアンテナの高い人なら、もう少し増えてもいいかも。

それでも10人にひとりもいれば御の字。「まさか」と思うかもしれないけど、まずはやってみるといい。

続けられない3つの理由

なぜ、こんな簡単な方法が続かないのかの理由は、つぎの3つ。

- 願いをかなえる理由がないから
- 変化を嫌って潜在意識が抵抗するから
- 「願いはかなわない」という思い込みがあるから

まず、「願いをかなえる理由がないから」について。

いまさら……って感じだけど、じつはとても多いし大切なんだよね。

たとえば「月収100万円」なんて目標があったとしても、そもそもなぜに100万円かって理由が明確でなかったりするから。

だけどもし、100万円ないとまじめに生活できない状況だとしたら、そりゃがんばりますよ。


第二章で、オレが2009年7月から「秘伝」の前身となる「改訂版アレ」を100日続けたって話をした。

だけどなんの抵抗もなく続いたのは、生活がヤバかったから。それだけ、目標（願望）に対する理由・動機が明確だったたから。

ようは、**「本当にその願い、かなえたいの？」**って問いかけに戻ってみるといい。

それが本気でYESなら続くだろうし、必ずしもそうでなければ続かない可能性は大だろうから。


続かない2つ目の理由、「変化を嫌って潜在意識が抵抗するから」。

なんだけど、「秘伝」の効果が抜群であればあるほど、変化を必然とするもの。

何度も言うように、「安心・安全」を第一目的とする潜在意識は、変化を嫌い、現状維持を好む。

だから「秘伝」で、変化、つまり実現が近づけば近づくほど、それを遠ざけようと働くわけ。

なので、**「秘伝」がおっくうになってきたり、なんとなく疑いをもちはじめたりすれば、それはむしろチャンス。**まさに変化の前触れだと思っておけばいい。

そうやって**「続けられない理由」を客観的に知っておくだけで、そのときどきで潜在意識の抵抗に流されなくてすむ。**

これは「秘伝」にかぎらず、たとえばダイエットだとか、筋トレ、勉強、早起きなんかでも同じ。

なにかに刺激されて、一度は決意して2～3日は続くことがあっても、本当に継続することってめったにない。

一度やると決意したことなのに、どうしても続けられない。

そんなときって、すぐに自分に都合のいい理由をもち出してくる。

たとえば、「なんか違う気がする」「いまは時期じゃない」「続けられないことに気づいただけでも学び」「やってみないと無駄かどうかわからない」などなどじつにたくさんの言い訳が出てくる。

それらはすべて「潜在意識が抵抗しているから」と思っていい。

そのように頭で理解するだけで、**余計なこと考えずに、期間限定であってもまずは続けてみることもできる。**

ただ、世の中にはそうやって頭で考えて対処できるようなレベルにない人だっている。もう、残酷なまでに続けられない。

わずか1日1分がどうしても、どうしても、どうしても続けられない。

それがまさに「『願いはかなわない』という思い込みがあるから」。続かない3つ目の理由。

願いがかなうことを許可してない、といってもいい。

もしそのような状況にあるならば、願いをかなえる強力なツールである「秘伝」など続くはずもない。

宇宙が人間に期待していること

「願いはかなわない」という思い込みのことを、ここでは「ビリーフ（belief）」と呼ぶ。イメージとしてはつぎの図のような感じ。

願望とは、現在から見た「未来における望ましい変化」のこと。

なので、そこに向かって坂を登って行けば、いつかは到着、つまり実現するんだけど、実際はこの坂を登るのがまた一筋縄ではいかない。

摩擦がなくてつるつる滑る坂を無防備に登るようなもの。で、この坂を作っているのが、まさに実現を遠ざけるビリーフ。

じつをいうと、この宇宙にはなにひとつ「例外」ってものがなく、質量は常に一

願望は「未来における望ましい変化」

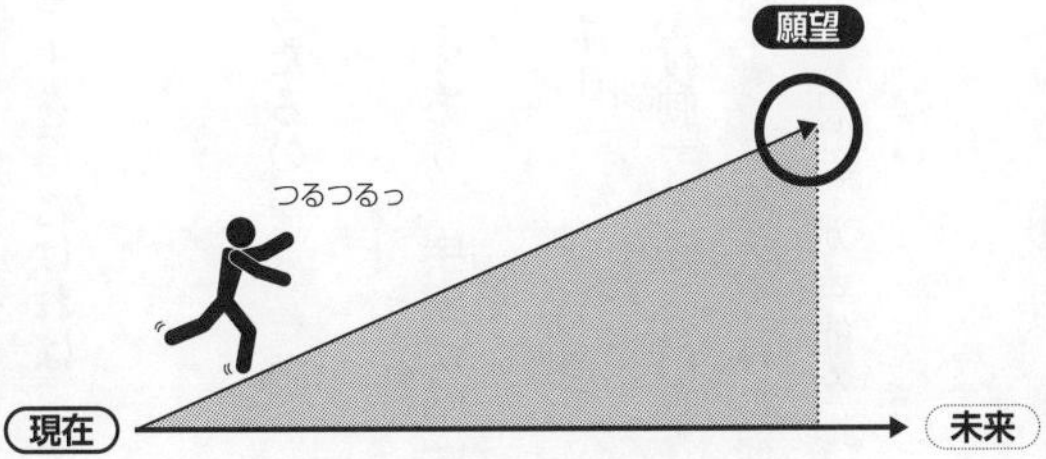

思い込み（ビリーフ）がつるつるの坂を作る

定。

ようは、**一定のエネルギーを得たければ、それ相応のエネルギーを宇宙に出さなければならない。**

この「エネルギー」にあたるのが、「行動」。

この地球は「行動の星」であり、**宇宙が唯一人間に期待しているエネルギーが、まさに「行動」**なわけ。

たとえば、「月収100万円」を宇宙にリクエストしたければ、それに見合うだけのエネルギー、つまり「行動」を差し出さなければならない。

人間以外の動物は本能によって決められた通りに生きていけばいい。

だけど、人間は「意識（意思）」が本能を壊してしまっているため、自分の生き方は自分で決めなければならない。

そこに人間という世界における「差」が生じるわけだけど、それでも「与えたエネルギーと得たエネルギーは常に一定」って宇宙法則から独立するわけでもない。

だから、どんな「願望」であっても、その願望に見合ったエネルギー等価の「行動」が求められる。

そして、**願望が実現しない人の方程式は常にこれ。**

「行動 ＜ 願望」

願望を実現させるには、常に、

「願望 ＝ 行動」

でなければならないのだけど、実現しない人は全員、願望と行動の間にギャップを作ってしまっている。

そのギャップをここでは「空白」と呼ぶのだけど、じつは**「空白」はほっといても埋まる性質をもっている。**

宇宙のエネルギーは常に等しく、空白を埋めようとする

◉宇宙はリクエストに見合うエネルギーを求める

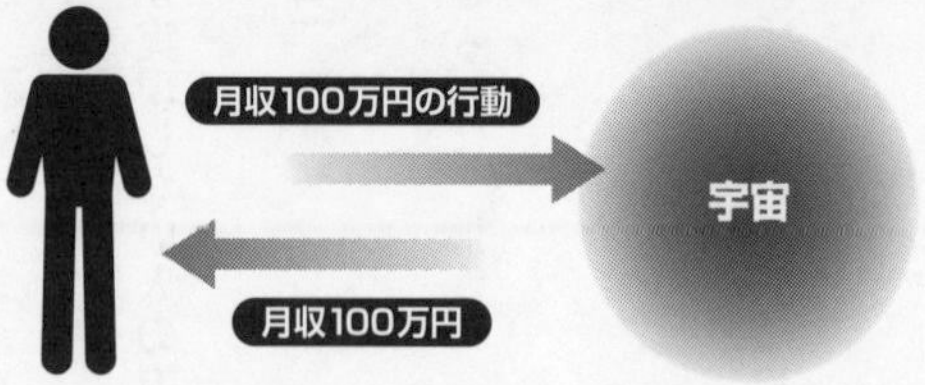

たとえば、「月収 100 万円」が願いならそれに見合うだけのエネルギー（＝行動）を出さなければいけない

◉願望と行動の間に「空白」があるとなんとかして埋めようとする

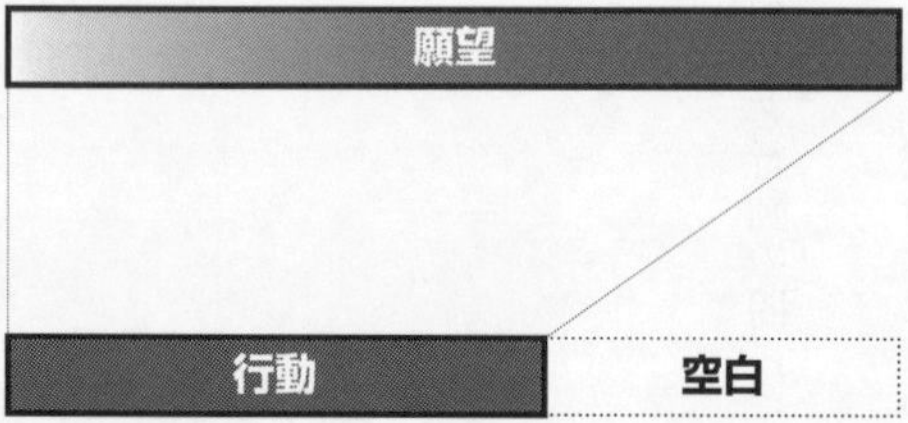

たとえばここに、1万ピースのジグソーパズルがあったとする。

がんばって組み立てたけど、ピースがひとつ足りない。

たった2センチ四方のピースなんだけど、そこだけ穴が空いている。

あなたならこのパズルを部屋に飾っておくことができるだろうか。

普通は無理。メーカーからピースを取り寄せるか、それができなければ飾らないで押し入れにでも入れておくはず。なぜなら、気持ち悪いから。


そう、**人間は「空白」に対しては、恐怖とも呼べるような気持ち悪さを覚えるもの。**


それは未知なもの、わからないものに対する恐怖。

お化けがなぜ怖いのか。それは、お化けが危害を加えるからではなく、危害を加える「かもしれない」から怖い。ようは、わからないから怖い。

だけど、正体がわかってしまえばなんてことない。

余談だけど、オレも昔はよく幽霊を見たけども、その正体がわかってから見なくなったし、当然、怖くもなくなった。

ちなみに、その正体とは「なんか気持ちの悪い感覚」が視覚化されたもの。

人間には「未知」を「既知」にしたがる性質が備わってて、その源となるのが、「未知（空白）」に対する気持ち悪さ。

なので、もし願望と行動との間に「空白」があったとすれば、普通ならどうにかしてその「空白」を埋めるために行動する。

または、願望を下方修正してでも「願望＝行動」にしようとする。

それでもなお、「行動＜願望」のまま実現しないで平気でいられる人が多い。

なぜか。それはその「空白」を埋めるための別の材料をもっているから。

その材料とはなにか。

失敗する方法はたったひとつしかない

じつのところ、世の中には100人の成功者がいれば、成功の理由も100通り。

早起きで成功できたと言う人がいれば、夜中にアイデアが降りてくるので早起きはしたことがないと言う人もいる。

食を慎むことが成功に不可欠だと言う人がいれば、朝からステーキを頰張ることが成功の秘訣《ひけつ》だと言う人もいる。

1日4時間睡眠で長時間仕事をすることが成功条件だと言う人がいれば、夜は8時間、昼に1時間の睡眠を取ることが重要だと言う人もいる。

インターネットを制することが成功への近道だと言う人がいれば、パソコンにも触ったことのない成功者もたくさんいる。


ようするに、世に言われる成功法則だとか、成功の秘訣だとかってのは、ほとんどが成功者による後付け理論であって、なにひとつ確実なものなどない。

それに対して**成功しない人の理由はたったひとつ。**

鉄壁の「失敗法則」といっていい。**それがまさに「言い訳」。**

「月収100万円」なる願望を掲げたとしても、たとえば、

「じつはそんなに必要ない」

「大変な思いしてまで収入にこだわりたくない」

「占いによると、いまは時期じゃないらしい」

「月収100万円になると、友達を失いそう」

「能力・学歴・経験等がないから無理」

「身近に月収100万円の人などいないから無理」

など、**あらゆる「言い訳」によって「空白」が埋められてしまう。**

しかし、右記の例については、いずれも本来は「ウソ」であって、不合理な理由。

そして、このような「言い訳」をやっつけるのもじつに簡単。右記に関して言えば、

「じつはそんなに必要ない」

↓本心でそう思ってる？

「大変な思いしてまで収入にこだわりたくない」

↓月収100万円の人がみな大変な思いをしてるの？

「占いによると、いまは時期じゃないらしい」

↓あなたの人生は占いですべて決まってるの？

「月収100万円になると、友達を失いそう」

↓それ誰が言ってるの？　ソースは？

「能力・学歴・経験等がないから無理」

↓なくてもお金持ちになっている人など世の中、掃いて捨てるほどいるけど？

「身近に月収100万円の人などいないから無理」

↓探さないからいないんじゃない？


こんなふうに、どんな「言い訳」でも覆されてしまう。

こうやって一つひとつの「言い訳」を言葉で消していくだけで、「そうか、月収100万円、いけるかも？」って気になって、行動が加速する。

つまり願望に直結した「行動」によって「空白」が埋まっていく。

このように「言い訳」をつぶすってのは、ありとあらゆる願望に対しても有効。

逆にいえば、願望実現する人って、言い訳しない、最初から言い訳がない。

だからもし、願望実現しない、目標達成しないと悩んでいるなら、まずは自分自身に対してこう質問してみるといい。

「その願望（目標）を妨げている『言い訳』はなんだろうか？」

たくさん出てくると思う。

でも、そのほとんどが「太陽が東から昇って西に沈む」ってレベルの真実に比べると、単なる思い込みで、ようはウソ八百。

その「言い訳」に対して、一つひとつウソである証明をすれば、気持ち的に実現がグッと近づく。

このとき、「言い訳」という名のビリーフが外れる。

つぎのページの図のような感じ。

「言い訳」がなくなれば願いはかなう

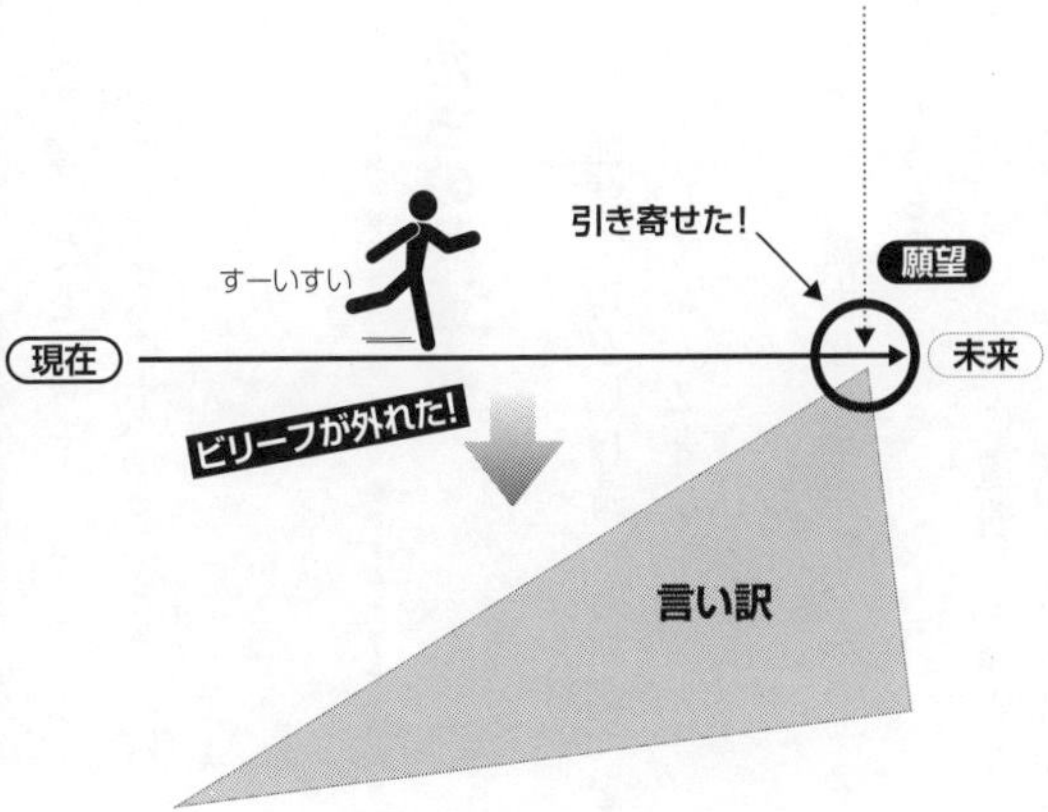

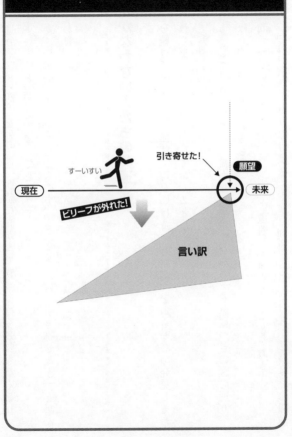

見ての通り、「言い訳」を外せば、願望に向かって登って行く必要もなくなり、ただ、すーいすいと実現に到達してしまうでしょ。

というか、自動的に実現してしまうので、そのとき人は「引き寄せた〜」と叫んでしまうわけ。

願いがかなわない人たちの共通点

「秘伝」を続けて書くには、願望実現を妨げる「言い訳」をあらかじめ発見しておいて、それらを一つひとつつぶしておくこと。

そして、実現する。

それでも、じつはさらに深い「続かない理由」がある。それはつぎの図の通り。

「願望」はあくまで未来にあるもの。

未来に向かっていくなかで、「言い訳」に遭遇して進めないことがある。

だから、「言い訳」を取り除けばスムーズに到達する。だけど、じつはそれ以前

「願いはかなわない」のトラウマがあると前に進めない

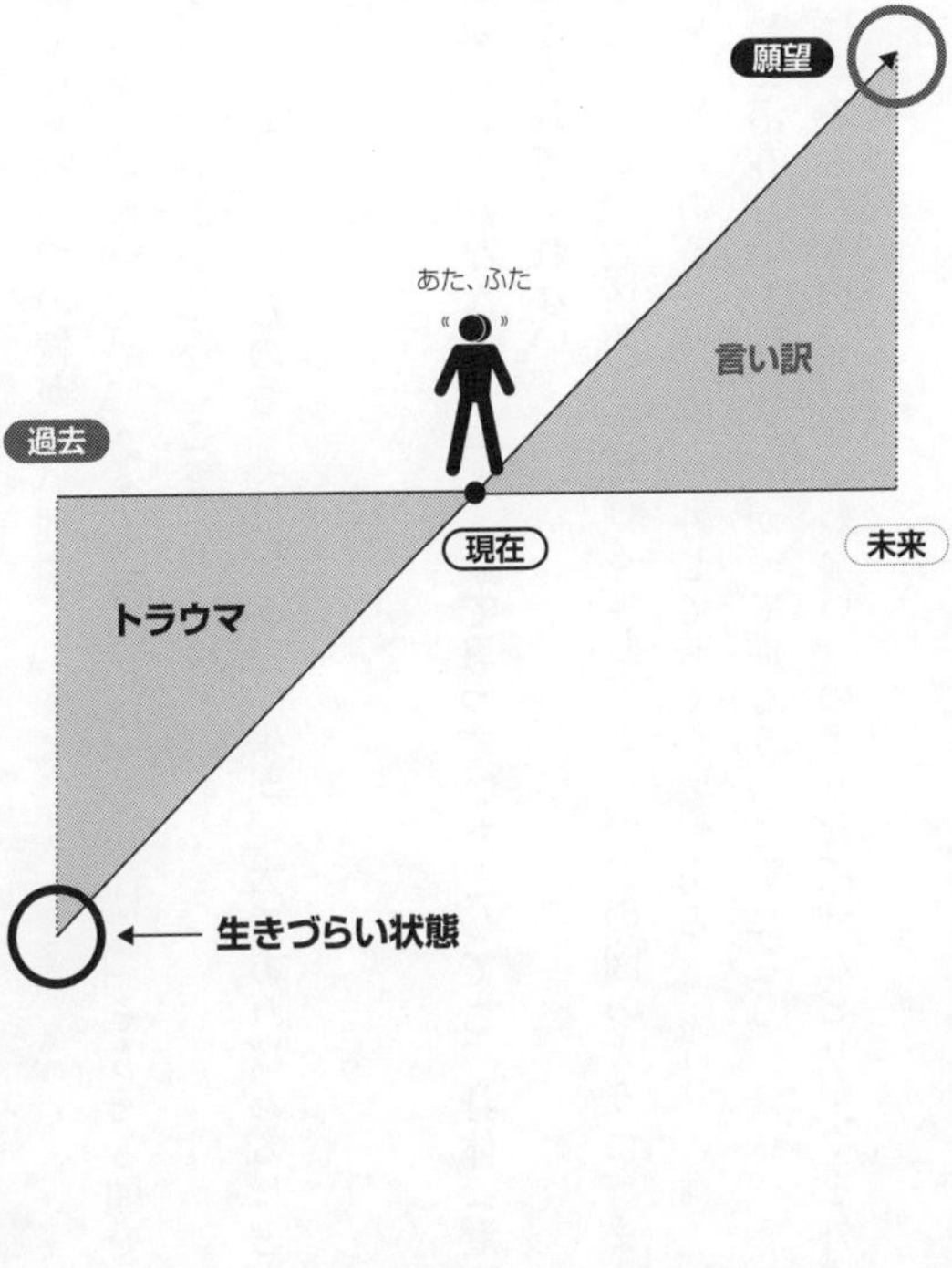

に、そもそも進めないって人がいる。

それがまさに深刻なレベルでの続かない理由。

それはほとんどの場合、無自覚で、あえて言葉にするならば、「そもそも願いはかなわない」なる深い深い思い込みのこと。

「トラウマ」といってもいい。なので、「秘伝」の効果が絶大であればあるほどに続かない。

前向きに願いをかなえようなんて、たとえ**頭で思っていたとしても、身体（潜在意識）がそれを受け入れてくれない。**

願いをかなえるにしても、「秘伝」を続けるにしても、つぎの図のように、まずは「トラウマ」のレベルにあるビリーフを外しておく必要がある。

そうやって、初めて潜在意識も願望に向かって進もうって気になる。

では、どうすれば「そもそも願いはかなわない」のような深刻なビリーフを外すことができるのか。

トラウマを外せば「生きづらい状態」から脱出できる

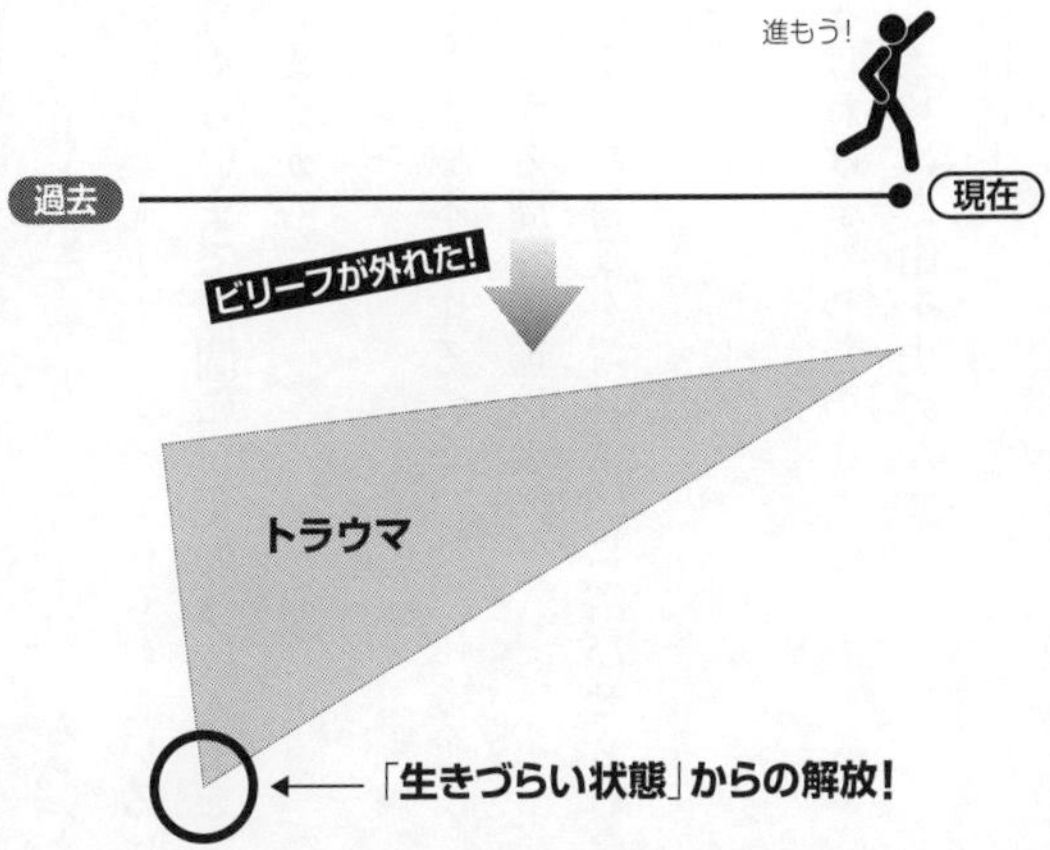

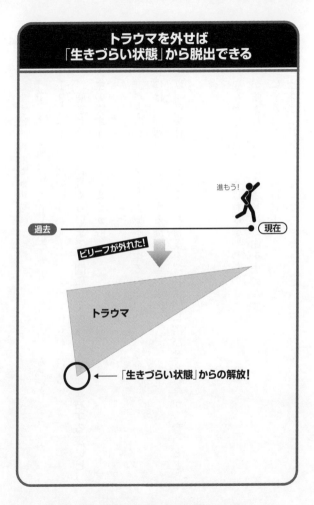

ここでもまずは「理解」が重要。

なぜに、「そもそも願いはかなわない」などのビリーフをもってしまうのか。

それは195ページの図の通り「過去」によって作られている。

それは、**産まれてから15歳くらいまでの間に、その後の人生を左右する深いビリーフ、人生の脚本を作ってしまう**から。

では、誰がそのビリーフ、人生脚本を作るのか。

直接的には、両親をはじめとする周囲の環境要因。

たとえば、幼少期につぎのような言葉を、日常的に浴びせられながら育つとどうなるか。

「あんたなんか産まれてこなければよかったのよ」

「オマエが産まれてきたからオレは自由を失った」

「こっちに来るな！　向うに行け！」

「男の子だったらよかったのにね」

「もう少しお顔が整ってたらよかったのに」

「お兄ちゃん（お姉ちゃん）なんだからしっかりしなさい！」

「今度のテストで100点を取らなかったら晩ご飯抜きだからね！」

「どうせやっても無駄でしょ！」

「うちにはお金がないんだから欲しがらないの！」

「なにやってもダメなんだから！」


これらは一例ではあれ、ひとつの共通するメッセージがある。それは、

「あなたには価値がない」という刷り込み。

その「価値」は、たとえば「生きる価値がない」「ありのままである価値がない」「成功するほどの価値がない」などに展開する。

そのように、自分の存在に対する「価値」を否定されると、当然、「願いをかなえる」ことに対する「価値」も感じなくなってしまう。

だから、「秘伝」だって続かない。

でも、この世の中には、**産まれながらに「価値」がない人など、ただのひとりもいない。**

そうだったら、最初から産まれてこないわけで。

ようは、成長するプロセスで、とりわけ幼少期に本来の「価値」を奪われ、失ってしまったのが問題なのだ。

「怒り」は願いをかなえるのに必要！

人間誰もが等しくもって生まれた「価値」は、願望実現はもちろん、豊かに楽しく生きていくために不可欠なもの。

そんな大切なものを、なぜに失ってしまう人がいるのか。

そこにもまた、潜在意識の「安心・安全」に対する強い欲求が潜んでいる。

「価値」を奪われながら育ってきた人は、じつはそのとき、「ある取引」が奪った人との間で取り交わされていた。

奪った人の代表は、主として親（その他の家族、先生、友達等のケースもある）。

たとえば「あんたなんか産まれてこなければよかったのよ」と言われて育った人は、そもそも宇宙から与えられたはずの「（存在）価値」を奪われてしまった。

その代わりに、潜在意識の求める「安心・安全」を受け取っている。

「価値」は誰にとっても等しく尊いものであり、奪われそうになっても、当然守るべきもの。そのとき、本来はどうやって守るのか。

そこにはある感情が必要。それが、「怒り」。

「怒り」の感情は自分にとって「大切なものを守るため」に必要。

そこでもし、なによりも大切な「価値」を他人から奪われそうになったら、普通なら怒りを使って防御することができる。

だけど、親と子どもの力関係だと、とくにビリーフが形成される幼少期においては圧倒的な差がある。

怒りは相手を攻撃するエネルギーでありながらも、圧倒的な力の差がある親に対しては歯が立たない。

なぜなら、親に対して怒りで攻撃することによって、何倍もの返り討ちにあうことがあるから。

そこで潜在意識は自らの「安心・安全」を守るために、怒りを出さずに、その代わり「価値」を差し出してしまう。

そうして、**「私には価値がない」という思い込み、そして封じ込めた怒りをセットでもって大人になってしまう。**

それは「男の子だったらよかったのにね」と言われて育った女性も同じ。

産まれた瞬間から、「また女か……」という落胆した親の声を聞いて育った女性は、自分が女性である「ありのまま」を奪われてしまっている。

怒りはあなたの「価値」を守る

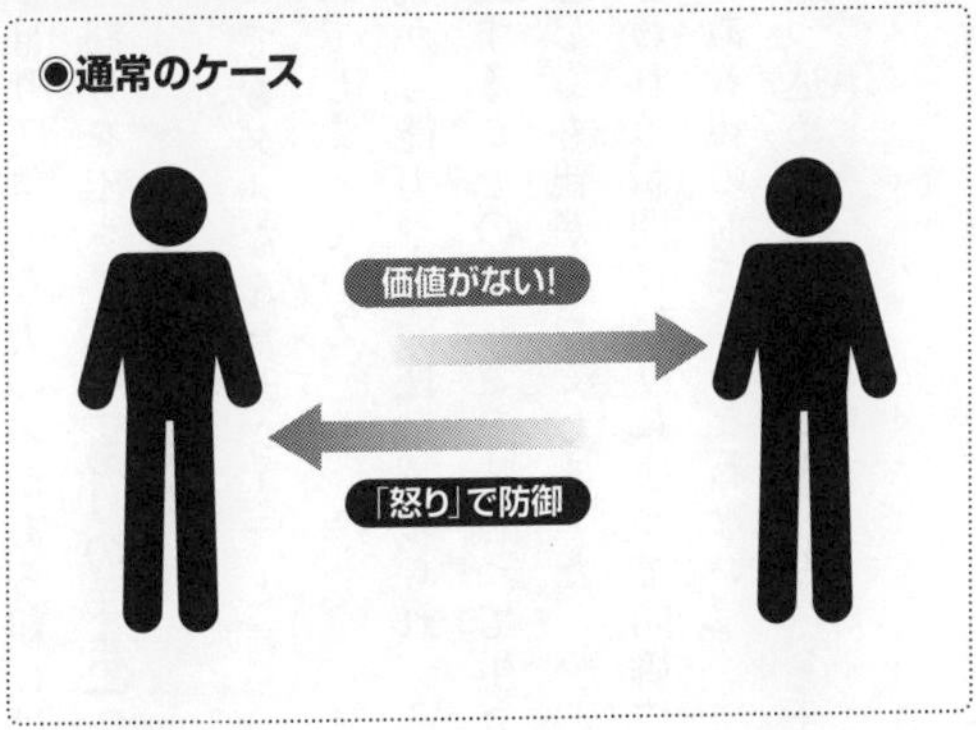

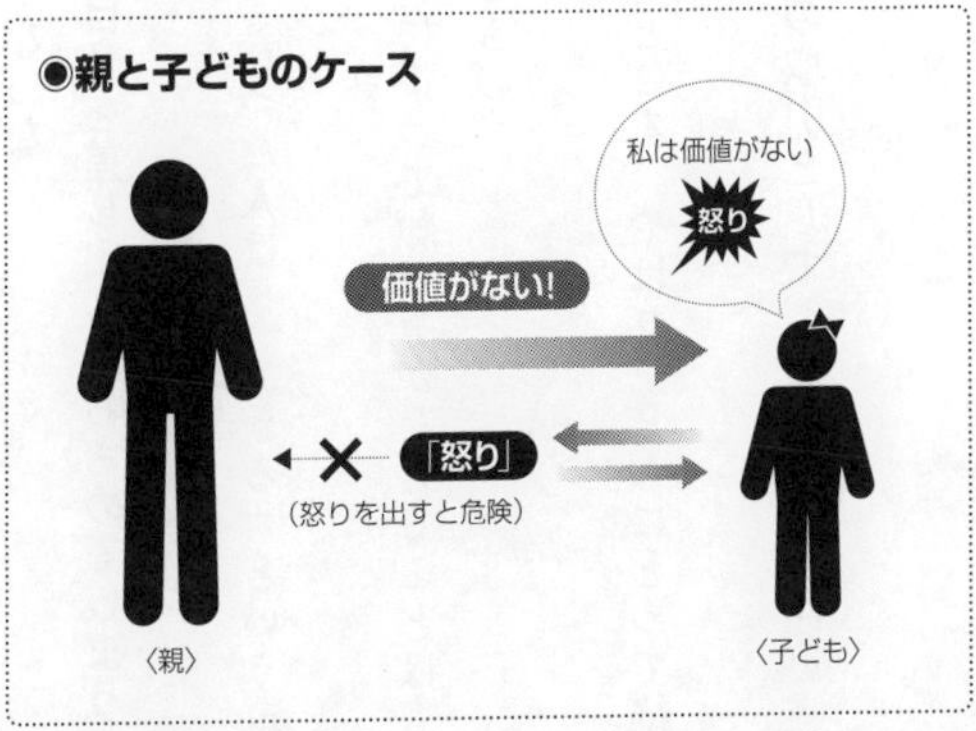

本来であれば、その瞬間に怒りを使って「ありのまま」を取り戻す必要があるのだけど、やはり圧倒的な力の差がある親にはかなわない。

そこで、**怒りを出さずに、「ありのまま」の自分を差し出しておさめてしまう。**

「なにやってもダメなんだから！」と言われて育った人は、「できる」という可能性を奪われてしまっている。

本来は親から能力や可能性を認められ、それによって願いをかなえることはもちろん、成長することの楽しさを味わって生きるもの。

それを悲しくも親が奪ってしまった。

本来は奪われる瞬間に怒りによって防御するところ、やはり子どもにとって絶対的な存在である親の前ではかなわない。

怒りを引っ込め、「安心・安全」を得ることの取引として、自らの可能性を受け渡すしかない。

ともかくも、力の差があり過ぎる相手の前では、「怒り」を出すことはあまりにも危険。

だから、「怒り」を封じ込め、生きる上で大切な「(存在)価値」を差し出してしまう。

その結果、願いがかなわない大人になってしまう……。

永ちゃんと尾崎はなぜ成功したのか?

ただ一方で、深刻なまでに「価値」を奪われて育ってきたにもかかわらず、それを逆にバネにしてがんばり、**より創造的な活動を広げ、一定の成功をおさめる人も**いる。

多くの場合、「私には価値がない」と思っている人は、人生に絶望し、そのままの人生を送ってしまう。

でも、それをバネにするタイプは、「私には価値がない」という思いそのものに反抗する。

そして、自分の「価値」を周囲に認めさせることを人生の第一目的として活動を広げる。

たとえば、オレも大好きな歌手の矢沢永吉さん（以下、永ちゃん）。

永ちゃんは、両親の離婚などにより、とても貧しい少年時代を送っていた。

そこで、その貧しさを原動力としてひたすらビッグを目指し、見事に実現し自他ともに認めるスーパースターになった。

ただ、もしかしたら本音のところ……。

永ちゃんは自らの「価値」を無条件に認めてくれるはずの両親から捨てられたのが、ビッグになることによって、奪われた「価値」を取り戻そうとしたのかもしれない。

そして若くしてビッグになった。永ちゃんはそれで本当に幸せだったのか？

自分をバカにしていた同級生や親戚を見返すことはできたかもしれないけど、それによって「価値」そのものを取り戻すことができたのだろうか？

永ちゃんは名実ともにビッグになってから、身内の裏切りにより30億円もの借金を抱えてしまった。

確かに必死のがんばりにより、一時的には豊かさを手にしたかもしれない。

けどもし、まだ身体の奥底に**「私には価値がない」というビリーフがあるならば、潜在意識はそれを証明しようと働きはじめる。**

それが理不尽なまでの借金。

とくに永ちゃんの場合はビッグの度合いも大きいばかりに、抱えた借金の額もハンパなかった。

さすがの永ちゃんも目の前が真っ暗になったそうで、普通の人ならばそれで首をくくっていたであろう。

その後、見事に借金を返済して、いまでは必要以上に突っ張ることもなく、還暦を過ぎてもいまだに現役でオレたちを楽しませてくれている。

きっと本来の価値を取り戻すことができたのかな。

一方、少し後の世代の故・尾崎豊さん（以下、尾崎）。

少年時代にいじめにあったことをはじめ、とにかく「学校」という不自由さに打ち勝つ、その原動力が優れた作品を生み出していた。

ただ、不自由だったのは尾崎の環境そのものではなく、**彼の心、つまりビリーフこそが不自由だった。**

自由にこそ価値がある。不自由から自由になりたい。

その思いが作品を通して同世代に共感を生み、そして文字通り学校から「卒業」し、経済的にも自由になっていった。

しかし、それで尾崎自身の不自由なるビリーフが解決されたわけではなく、物理的に自由になっても、精神はずっと不自由なまま。

そして、その不自由を証明するために、もっとも不自由な選択（おそらく自殺）をしてしまった……というのは、オレの勝手な解釈なのだろうか。

悲しみ、恐れ、そして怒りはとても大事な感情

「安心・安全」を守らんがため、怒りを封じ込め、自分の「価値」を差し出して生きてきた人たち。

願いをかなえることを放棄するか、または「価値」を取り戻すために、自らを傷つけながらもがんばろうとするか。

どちらにしても、生きづらい状態には変わりない。

生きているだけでつらい。

それは単なる精神的な面のみならず、現実面においても大きく影響している。

第二章でも話したけど、そもそも人間の感情は「興奮」から発し、「快」と「不快」に分化する。

そして、そこから4つの感情へと枝分かれする。

それが、**人間に備わる4つの基本的感情である「喜び」「怒り」「悲しみ」「恐れ」**。

「喜び」は生きるために必要。
「怒り」は現在において、大切なものを守るために必要。
「悲しみ」は過去において、失ったものを乗り越えるために必要。
「恐れ」は未来において、危険から自分を守るために必要。

いうまでもなく、どの感情も必要であり重要だから備わっている。

でも、怒り、悲しみ、恐れはネガティブ視されやすい。

だけど、けっして否定されるべきものではない、**人間として生きるために、自分らしく楽に生きるためになくてはならない感情。**

それなのに、とりわけ怒りは封印することをよしとする風潮がどうしてもある。

人前で怒りを顕《あら》わにする姿はみっともないし、時には人を傷つけたり、自分が傷つけられたりすることだってあるのだから。

運の悪さとは「身体にたまった怒り」が原因だった！

確かに、怒りはあまり外には出さない方が、日常生活では便利なことが多い。

とくに幼少期から怒りを出さないように育てられてきた人にとっては、いまから怒りを出すことはけっして容易なことではない。

そして、怒りをずっと身体に封じ込めたままに毎日を送ってしまう。

しかし、そうやって**ずっとためてきた怒りは身体にたまり、どうなるか？**

身体にたまった怒りは、つぎの2つの影響を及ぼしてしまう。

- 「怒りを証明する現実」を引き寄せてしまう
- 本来は「他人に向けるはずだった怒り」が自分に向けられる

第一章でも話したけど、潜在意識＝身体。

つまり、身体が「感情」を覚えてしまい、潜在意識として現実を引き寄せている。

だから、潜在意識＝身体＝感情。

「引き寄せの法則」が思った通りに作動しないならば、原因はこれ。

「思考」では「〜したい」と思っていても、身体が覚えてしまった「感情」がその願望を阻んでいたら逆効果。

たとえば、「結婚したい」と思考（意識＝頭）で願っていても、感情（潜在意識＝身体）が拒絶反応を起こすことで、「でも、できない」が実現してしまう。

それだけ感情の力は絶大。なんといっても、思考の2万倍なんだから。

そして人は、常に無意識的になんらかの感情をもちながら生きており、なかでも「4つの基本的感情」は強烈に現実に影響している。

喜びが大きければ、当然、現実も喜びに満ちたものになるだろうけど、怒りが封じ込められたままだと、そのまま、それが現実になってしまう。

つまり、怒りを証明する現実が引き寄せられる。

なぜか腹立たしいことが多い、自分ばかりが不幸な目にあう、運が悪い。原因は

身体に「怒り」がたまると不幸を呼ぶ

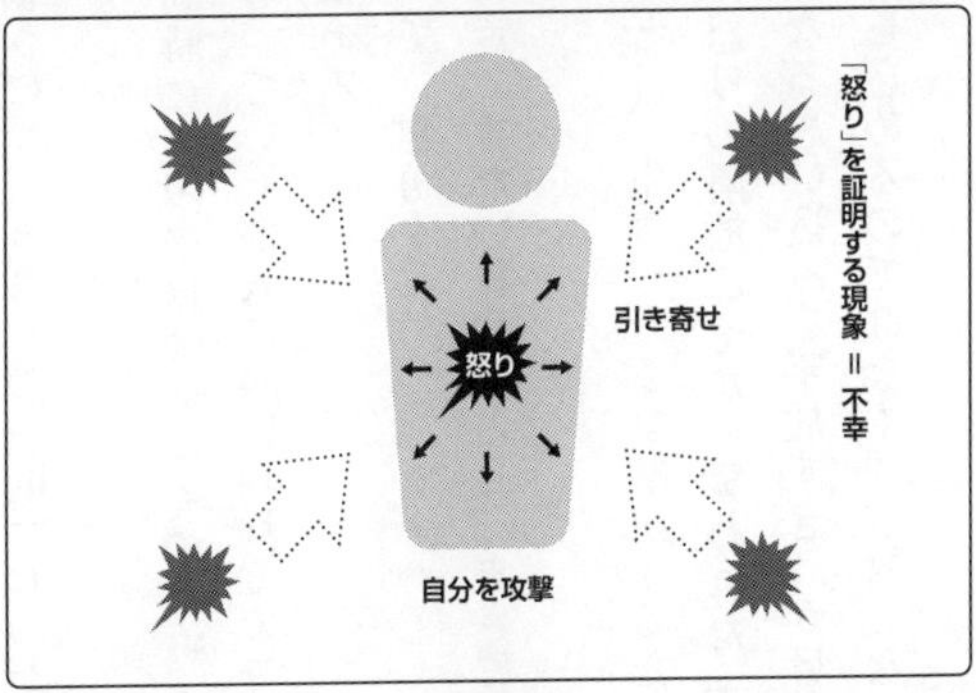

すべて身体にため込んだ「怒り」にある。

それがまさに「引き寄せの法則」なのだから。

そして同時に、本来は大切なものを守るために必要なはずの「攻撃のエネルギー」は、奪っていく他人に向けられるのではなく、その矛先が自分自身に向いてしまうことがある。

そうやって、自分を痛めつける。

原因の特定できない難病なども、まさに「怒り」が引き起こしていることが多い。

ということは、生きづらさを解決するためのキーポイントもまさに怒り。

つまり、怒りの解放こそが、奪われた「価値」を取り戻し、「そもそも願いはかなわない」なる思い込みを手放すきっかけになる。

怒りは封じ込めるのではなく、解放しなければならない。

やっさんは悲しかったんだ

そもそもオレが精神世界でもっともクソだと思うのもここ。スピリチュアルとかかわっている人、精神性の高い人、波動の高い人、さとった人は怒らない、悲しまない、恐れない。いつもニコニコしている……などのような誤解がいつもどこかにある。


人間の「感情」は単純ではないので、もちろんただ怒ればいい、悲しめばいい、恐れればいい、ってわけじゃない。

なかには本当は怒っているのに、「怒っちゃダメ」なる育てられ方が邪魔して、泣いてばかりいる人もいる。もっぱら女性に多い。

一方で、本当は悲しいのに「泣いちゃダメ」と育てられ、怒ってばかりいる人もいる。

男性に多く、すぐに思いつくのが、名漫才師であった故・横山やすし氏（以下、やっさん)。

とにかくいつも怒っていた。

いくら怒っても怒り足りなかった。

だけど、やっさんは本当は腹を立てていたのではなく、寂しかったんだと思う。

毎晩、弟子や関係者を家に招いて鍋を囲む。半ば強制的に。

弟子のひとりがふと時計を見た。やっさん、それで激怒。

「なに、時計見とんじゃ〜!」と。

これも本当は怒ってるんじゃなくて、みんなが時間を気にしてこの場から離れるんじゃないかと恐れている、独りぼっちにならないかと寂しがっている。

元の奥さんからは逃げられ、相方も政界に進出して大好きな漫才に打ち込めなくなるなど、「失ったもの」がやっさんには大きかった。

「失ったもの」を乗り越えるには、悲しみの感情が必要。

だけど、やっさんは泣けなかった。男としてのプライドがそれを許さず、その代わり、いつでもどこでも怒りを爆発させることを「代理」させていた。

本当は悲しかったのだけど、それを麻痺《まひ》させるためにアルコールに走り、若くしての死因は肝硬変。

まさに飲み過ぎが原因だったのだけど、もし、生前に誰か（マツコ・デラックスみたいなキャラなど）が「やすしさん、本当は悲しいのよね」などと言って理解してあげていれば……。

糸が切れたように大泣きし、悲しみが解放され、アルコールの量も減ったかもしれない。

いずれにせよ、感情はけっして単純ではない。

やっさんのように、「偽物の感情」をひたすら出しつづけている人も少なくないけど、**「本物の感情」に直結した瞬間、本来の人生を取り戻し、真に自分らしく生きることになる。**

「さとった人はいつもニコニコしている」のウソ！

そこで、オレの好きな話を紹介したい。

江戸時代に白隠《はくいん》禅師なる座禅のマスターがいて、そのお弟子さんに「おさつ婆さん」と呼ばれる高齢の大姉《だいし》がいた。

大姉とは、在家でさとりをひらいた女性信者のこと。

そんなある日、おさつさんが大切にしていた孫娘が幼くして亡くなってしまった。

おさつさんはいつまでも孫娘の棺桶《かんおけ》にしがみついて大泣きに泣き、あまりに激しく泣くので、それを見かねて、ある人がこう言った。

「おさつさんよ、そんなに泣いては、せっかく禅のさとりをひらかれたのに、台無しではないか……」

おさつ婆さんは、こう返した。

「孫が死んで泣かない禅があるか！　私が流してるのは、普通の涙じゃない！　真珠の涙じゃや！」

大切な人を失ったとき、ただ、悲しみの涙を流す。

これが禅のさとり。ありのままの感情に素直になる。

同じように、大切なものを奪われそうになったら怒っていい。

なにか心配なことがあったら、怖がっていい。

感情を殺していつもニコニコしてる必要なんかない。

そんなのさとりでもなんでもない。

スピリチュアルに関心をもつ人の多くは、そうやって「さとり」を誤解している。

おまけに、さとった人は風邪をひかない、お金も欲しがらない、セックスもしない、欲することなく「仏」のように、いつでもどこでも誰に対してもニコニコしている……と思っている。

アホか。そんなのまともな人間じゃねーよ。

さらには、そうであろうと努力し、他人に対してもそうであることを求める。

オレなんかも、「宇宙となかよし」なんて一見スピ系（実際もめちゃくちゃスピ系だけどね）のブログを書いている。

でも、世の中で腹立つことがあるとすぐに記事にしてしまう。

たとえば、時事ニュースで「○○党の○○はクソだ！」とかって吠《ほ》えたら、なんとな～く反発をもらう。

なんかの交流会で普通に腹立つやつがいて、そいつのことをちょっとdisったら、「器が小さい」とかって批判される。

まあ、確かに器は小さいですよ。

だけど、腹立つもの。腹立つのよ。

別に「いい人」になろうなんて、まったく思ってないし。


ようはね、多くの人が誤解しているんだけど、さとってるとか、精神性が高いとかと、「いい人」とはまったく無関係ですから。

むしろ普段から「いい人」って思われている人の方がよっぽど問題がある。

それって単に素直じゃないだけですから。

腹が立ったら怒る。それが自然でありのままの姿。


もちろんうれしいときは素直に喜べばいい。

そんな素直な感情を押し殺して、単に無難なだけの人間になる。

「いい人」は「どうでもいい人」。男も女も「いい人」がモテたためしはない。

仕事だってできる感じしないでしょ。


それよりも、ただ、ありのままに自分の気持ちに素直になること。

それが自分らしいってことで、それがさとりにも通じるあり方。

おさつ婆さんはさとった人だからこそ、素直に思いっきり涙を流すことができた。

「真珠の涙」とは「本当の涙」と言い換えてもいい。

涙を流すことで、失った悲しみを乗り越え、そして魂としての成長を遂げるのですよ。

それがまさに禅であり、さとりなんだよね。

書くことでも感情は解放される

一見ネガティブと思われがちな、怒り、悲しみ、恐れの感情はどれも必要だから備わっている。

だけど、それらはネガティブと思われているがゆえに、封じられる傾向がどうしてもある。

怒りっぽいと思われると、避けられる。

泣き虫や怖がりと思われると、舐《な》められる。

だから、それらの感情は出さない方が得策だ。
現にそのように躾《しつ》けられてきた。

そうやって、出すべき必要な感情が封じ込められた結果、「怒り」「悲しみ」「恐れ」を証明する現実が引き寄せられ、それが自分自身を不幸にもしている。
おまけにそれらの感情は「私は価値がない」というビリーフとセットとなり、ますます自分を苦しめ、生きづらくしている。

もし、苦しい、生きづらい状況から自由になりたいのであれば、まずは素直になること。

「私は怒っていい」
「私は悲しんでいい」
「私は怖がっていい」

それをまずは認めること。

腹が立つときは怒る、悲しいときは泣く、怖いときは身をすくめて怖がる。

まずはそれでいい。

その上でもし、準備ができたなら、こう言ってみるのもいい。


「私は腹が立つ、なぜなら……」

「私は悲しい、なぜなら……」

「私は怖い、なぜなら……」


「なぜなら……」の後には、なにに腹が立ち、なにが悲しく、なにが怖いのかを具体的に言葉にしてみるといい。


さらに紙に書いてみる。

書きながら、きっと頭に血が上ることもあるだろう、涙が出ることもあるだろう、身体がブルブル震えることもあるだろう。

それでいい。むしろ、そうなることで、適切に感情が解放されている。とにかく、書いて書いて書きまくる。書き殴る。

本来であれば、「怒り」「悲しみ」「恐れ」を、しっかりと受け止めてくれる人がいればいい。

身近にいればいいけど、ただ、話を聞き、感情を受け入れるには、その相手の「器」が問われる。生半可な人間であれば、それらの強い感情に押しつぶされ、お互いに苦しさを増幅させるかもしれない。

カウンセラーやセラピストは、それを仕事として行っているから利用してもいいだろう。

だけど、そのような環境にない人は、ただ「紙に書く」だけでもいい。

自分がどれだけ腹が立つか、悲しいか、怖いのか。ただ書くだけ。

オレ自身、毎日ブログを書くなかで、さっきも言ったように腹が立つことを素直に書いてしまうことがある。

だけど、それによって怒りの感情は自然と消化され、いつだって笑っていられるのだから。

「喜びの巨乳化」現象

「引き寄せの法則」によると、現実は感情によって引き寄せられる。

繰り返すように、怒りがたまっていると、もっと怒らせてくれる現実が引き寄せられる。

悲しみがたまっていると、もっと悲しい現実が引き寄せられる。

恐れがたまっていると、もっと怖い現実が引き寄せられる。

そのような現実から解放されるには、怒り、悲しみ、恐れの感情を「書く」ことで適切に処理すること。するとどうなるか？

「4つの基本的感情」のひとつ、そう「喜び」の感情が残される。

喜び、怒り、悲しみ、恐れはどれも必要な感情だけど、「喜び」と「怒り、悲しみ、恐れ」との間には決定的な違いがある。

怒り、悲しみ、恐れは適切に出すことで、それらは消えるのに対し、喜びは出すことで逆にふくらむところ。

喜びを出すと、自分を喜ばせてくれる現実が引き寄せられる。

すると、さらに喜びが大きくなり、その大きくなった喜びを証明するための現実が引き寄せられる。

すると、さらにさらに喜びが大きくなり、そのさらに大きくなった喜びを証明するための現実が引き寄せられる。

つまりは、喜びは雪だるまのようにふくらんでいく。

ますますワクワクして、胸がふくらみつづける。

オレはそれを「喜びの巨乳化」と呼んでいる。

「4つの感情が同居した状態」から、怒り、悲しみ、恐れを解放すると、喜びだけ

喜びを出すとさらに喜びが引き寄せられる

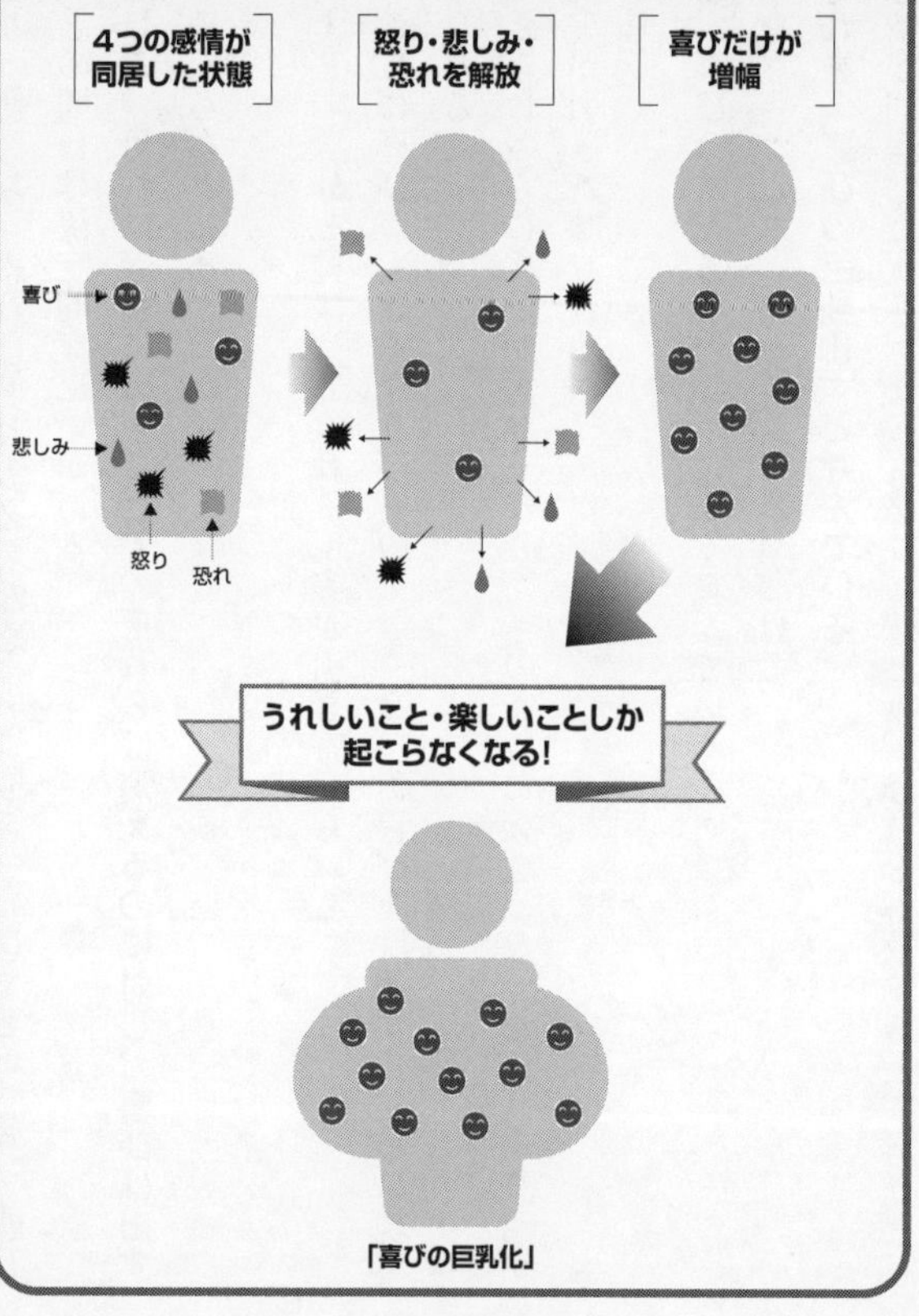

が増幅され、もはや、うれしいこと、楽しいことしか起こらなくなる。

もちろん図のように完全に喜びだけになることはなく、自分を守るために怒り、悲しみ、恐れも多少は残るよ。

ようは程度問題。怒り、悲しみ、恐れに比べて、圧倒的に喜びが多くなれば、それだけハッピーになれるってこと。

それを目指せばいい。


怒り、悲しみ、恐れが解放され、喜びだけが増幅される状態。

そうなると、もはや「願いはかなって当たり前！」となる。

うれしいこと、楽しいことを願えば願うほどかなうのだから、もっともっと喜びが増幅され、さらに、それを満たすために願いがかないまくるってわけ。

真実のアファメーション

ともかくも、怒り、悲しみ、恐れについては、書くことでまずは解消する。

もちろん他にもいろんな方法があるし、カウンセラーやセラピストなど専門家を活用すればもっと確実な効果が得られると思う。

ただ、そのような環境にない場合は、まずは書くことでOK。

イライラを感じたら書けばいい。それだけでも確実に浄化が進むのだから。


では、そのつぎにどうすればいいか。

つぎは「書く」から「言う」こと。


では、なにを言うか？

それは「喜び」に直結した真実を言葉にする。

いわゆるアファメーション。単純だけど、これがとても効く。

アファメーションとは宣言のこと。

多くの成功者が「なりたい自分」を明確にインストールするために、短くもパワフルな言葉をもっている。

「ぼくは大人になったら世界一のサッカー選手になりたいというよりなる」（本田圭佑：サッカー選手）
「甲子園に出て、プロに入って100億円選手になるぞ！」（松坂大輔：野球選手）
「おれは天才だ、おれは最高だ、おれはスーパースターだ」（矢沢永吉：歌手）
「僕の耳を世界で一番笑いを聞いた耳にしたいんですよ」（松本人志：芸人）
「ソフトバンクは1兆、2兆と数えてビジネスをやる会社になる」（孫正義：経営者）

彼らはそうやって「言葉」にして、自らを奮い立たせ、そして実現を、成功を勝ち取ってきた。

しかし、そもそも彼らには人並み外れたメンタル的な基礎体力があり、普通なら、おいそれと「世界」なんて言葉は口にできないと言うかもしれない。

それもそうだろう。

そもそも、この章で語っているのは、「秘伝」が続かないほどに「願いはかなわない」と思い込んでいる人たちに対してなのに、世のアウトスタンディングな成功者と一緒にされても困る、というのもわかる。

そんな人は、願望を口にすればするほど、現状とのギャップに苦しくなり、時には心を病むことだってある。

そこでひとつ質問。

ここに2つのアファメーションがある。そして、そこには決定的な違いがある。

なんだと思う？

「私はお金持ちだ」

「私は価値ある存在だ」

どちらもポジティブなアファメーションには違いない。

決定的な違いとはなにか。それは「私はお金持ちだ」には「ウソである可能性」があるのに対し、**「私は価値ある存在だ」にはウソの可能性がまったくないということ。**

つまり、後者は「真実」なのだ。

「私はお金持ちだ」を毎日唱えたところで、現実にお金に困っている状態ならば、現状とのギャップをどんどん強くして自らを苦しめることだってある。

自分で「ウソ」と自覚して唱えてるのだから。

一方で、「私は価値ある存在だ」には、どんなに本人が疑いをもっていても、それは絶対的な宇宙の真理。

なぜ人は産まれてくるのか。もちろんそのための使命、役割が最初から見つかっているとはかぎらない。だけど、「産まれた」という事実はある。

精子と卵子がたまたま（必然的に）結び付き、10か月の月日を経て世に出てきた。

宇宙は完璧。なにひとつ無駄がない。

そんな「宇宙の子」として産まれてきたオレたち。

誰が欠けてもこの宇宙は成立しない。

「宇宙があるから自分がいる」ではなく、**「自分がいるから宇宙がある」**んだよ！

すべてを好転させる一言

そうやって完璧な存在として産まれてきた人間、欠けてはならない存在。

理由も根拠もない、絶対的な「価値」があるのみ。

「私は価値ある存在だ」

絶対的な真実。どんなに疑いをもっていても、それだけは揺るぎようのない真実。

同じように、

「私は私」

「私は大丈夫」

「私はここにいる」

「私は大切な一員だ」

「私はすでに愛されている」

「私はありのままの私でいい」

「私は特別でユニークな存在だ」

なども絶対的な真実。真実をどんなに口にしても、ギャップが生まれることは永遠にない。

最初は違和感があっても、苦しくっても、いつかはさとる日がやってくる。

そして、そのような「真実」を一言で思い出すフレーズがある。

それが、

「**私のことが好き**」

まずは口に出してみる。

感情を乗せる必要もない。

ただ、棒読みでもいいから唱えてみる。

違和感があっても言ってみる。

ただ、念仏のように唱えてみる。

私のことが好き、私のことが好き、私のことが好き、私のことが好き、私のことが好き、私のことが好き、私のことが好き、私のことが好き、私のことが好き、私のことが好き、私のことが好き、私のことが好き、私のことが好き、私のことが好き……。

それを毎朝、目が覚めた瞬間に唱えてみるのもいい。

心で思うだけでもいい。

そして毎晩、寝る前に同じように唱えてみる。

そして鏡の前に立ったとき、

「あなたのことが好き」


と声をかけてみるとさらにいい。

顔を洗うとき、歯を磨くとき、化粧するときなど、一日に何度も鏡に向かうことがあると思う。

そのとき、一言、「あなたのことが好き」と自分の目を見て言ってみる。最初は照れくさいかもしれない。だけど、言いつづけてみる。


「私は価値ある存在だ」は絶対的な真実であり、その真実に気がついている人は、例外なく自分のことが大好き。

人は誰もが自分のことが大好きな状態で産まれてくる。

だから、生きることを求めるんでしょ。

もし、自分のことが嫌いだったら、お腹が空いても泣かないし、お母さんの抱っこをせがむこともない。そんな赤ちゃんはいない。

自分で自分のことが愛おしいから、大切にしたいから、「求める」のでしょ。

だけど、世の中には両親をはじめ、様々な環境要因により、自分の「価値」を奪われてしまうことがある。

そうなると、自分のことが段々と好きじゃなくなる。

好きじゃない自分に対してはなにも求めたくなくなる。

だから、「願いはかなわない」と思い込みたくなる。

もっと求めていい。あなたは価値ある存在だから。

素直に求めていい。もっともっと求めていい。

自分のことを、これからもどんどん大切にしてあげていい。

「自分のことが好き／あなたのことが好き」

もちろん、**「自分のことがだ〜い好き！／あなたのことがだ〜い好き！」**でもいい。

その「真実」をもう一度思い出すことができれば、その瞬間に自分を制限するあらゆるビリーフ、トラウマから解放される。

そして**すべてが好転する。**

もう一度言うけど、ただ、「真実」を思い出せばいい。

そして、誰もが例外なく、そのことを知って産まれてきた。

そのことを思い出した瞬間、どうなるか。

「な〜んだ、これか」

これが、さとり。
さとりによって願いはかなう。実現が加速するのだ。

まとめ・「願いはかなわない」を解除する手続き

〈第一段階：「感情」を解放する儀式〉

1．紙とペンを用意する（紙は大きい方がいい）
2．「3つの願い」を決める
3．「3つの願い」をイメージしたときの居心地悪さを確認する

（居心地悪くなければ「秘伝」を続ければいい）

4．「願いをかなえる」ための力を奪った過去の出来事を思い出す

（とくに幼少期における、両親、祖父母、きょうだい、先生、友達等との関係のなかで）

5．その出来事を思い出しながら、

「私は腹が立つ」「私は悲しい」「私は怖い」と口に出して言ってみる

6．もっともピンとくる感情（怒り・悲しみ・恐れ）を確認することができたら、再び「私は腹が立つ／私は悲しい／私は怖い」と言い、「なぜなら」と続ける

（感情はひとつのときもあれば2つや3つのときもある）

7．「なぜなら」の続きをノートに書き出す

（感情を感じつつ、かつ、冷静さを失わずに筋道を立てて書く）

8. とにかく書く、スッキリしても、しなくても書き出す（書きながら頭にきても、涙が出ても、身体が震えても、それを味わう）

〈第二段階：「存在」を取り戻す習慣〉

1. 寝る前と起きた瞬間に「私のことが好き」と唱える（思う）
2. 鏡の前に立ったとき、自分の目を見ながら「あなたのことが好き」と伝える
3. 以上の2つを感情を込めなくていいので唱え、それを習慣にする

※過去に受けた心的外傷（トラウマ）を改善させるには、その程度によっては専門的な対応が必要になることがあります。まずは、この本を一読してみて、この「手続き」に取り組む上で不安のある人は、医師、または専門的な教育を受けたカウンセラー、セラピストに必ず事前に相談してください。

第四章

宇宙におまかせすれば大丈夫

さとりは「自転車の乗り方」のようなもの

すべてはさとりから、すべてはさとりに通じる。
願いをかなえるのもさとり。生きづらさから解放されるのもさとり。
第一章で話したように、オレたちは、
「もともと『ひとつ』の世界を切り刻み、
わざと『差』を作り出して、
『なんだ、これは〜！』」
と言いながら生きている。
でもまあ、これが普通の状態。それを、
「もともと『ひとつ』で

『差』のなかった世界を、

『な〜んだ、これか』」

と思い出すことによって、さとりと同化する。


さとりは、「秘伝」を実践して、願いをかなえることによっても、体験できる。

また、第三章で紹介した「『願いはかなわない』を解除する手続き」を踏むことによっても体験できる。

だから一度でもこのさとりの世界を知ってしまえば、**自転車に乗れるようになった人が一生乗り方を忘れないように、それからの人生は本当に楽しいことだらけになる。**


オレなんかもまさにそう。

いまでこそ、自分の好きなことやって、収入もそこそこで、健康的に楽しい毎日を送っているけども、プロローグでも書いた通り、20代から30代前半までの人生って本当にダメダメだった。

仕事はつらいし、給料も上がらないし、ストレスでどんどん太って健康診断でもレッドカード、それでいて将来の見通しも暗い。

そんなダメダメダメダメサラリーマンやっていたのが、どのようにして、曲がりなりにもいまみたいな超ハッピーな人生に転換することができたのか。

それもまさにさとりから。

もうね、**お金がなくても、資格がなくても、コネがなくても、これから先、絶対に豊かに生きていけるってことがわかったから。**

そのきっかけとなった話、したいと思います。

オレがさとったとき「なに」が起こったか?

何度も言うように、オレの半生はまったくのダメダメ。

浪人、就活失敗、モテない、ニート、ワープア、ハゲ、デブ……そんなことばかり繰り返して、まともに会社勤めもできずに、それでもどうにか契約社員で拾ってもらった会社を辞めたのが2005年。

ただそのころ、いわゆる精神世界にも出合い、プロローグでも書いた通り、「思い込み」で人生を変えてやろうって妙なテンションにあった。

だから、ちょっとは気分が楽だった。

それでも現実はめちゃくちゃヤバい。会社辞めるとやることない。

だけど、せっかく時間ができたので好きな旅にでも出てみよう。

こんなときに行く国といえば、やっぱインドしかないでしょ。

退職金も貯金もなかったので、ギリギリの所持金で21日間。

ま、単なる現実逃避でしかなかったけどね。

そうやって旅に出たインドがまた最悪。

夜に空港に着いて、市バスと徒歩で安宿街に向かっている途中、暴漢に遭遇。

一発ほど殴られたときに、幸いタクシーが横に付いてきていたので、飛び乗ってなんとかセーフ。

ただ、その後、1泊3万のオレの所持金くらいのホテルしか連れてってもらえず（インドではいつも200円程度の宿に泊まっていたので）、拒絶してたらいつの間にか旅行会社のオフィスに連れていかれた。

それがまた悪徳で、夜中に男5～6名に囲まれて、なんだかんだと所持金をほとんど奪われた。

わずかに残った預金残高5000円で目的だったラダック（インドのチベット）に降り立ったものの、5000円で一週間はさすがにキツい。

街で一番安い宿に泊まって、デリーに戻るまでジッとしているしかなかった。

そこは標高3500メートルくらいあって、酸素も薄いんで、ちょっと歩いただけでも息切れ。夜中は酸欠による頭痛で目が覚める。

といっても、電力不足のため夜8時には完全に電気が消え、寝袋に入って寝るしかなかった。だから、夜中によく目が覚めたんだけど、電気もないので、ロウソクの炎をただ見つめるだけ。

切ないなあ。会社も辞めて、ほとんどすべてを捨てて来たインドで初日からそんな目にあうなんて。人生を呪ったよ。


とにかく所持金がなく暇だったもんで、**時間つぶしに思いついたのが、「般若心経を1000巻唱える」ということ。**

5日あったので、1日200巻ずつ。

とくに意味もないんだけど、とにかく暇で暇で。

そして、なにが起こるともなしにただ唱えていたんだけど、5日目、つまり最終日。

これまで通り、丘に登って800巻からスタートしたんだけど、そこで起こった。

日記を見直すと、ちょうど20巻、つまり通算して820巻あたりにさしかかろうとしたとき、**突然、やってきた。**

身体がブルブルと震え、悲しくもないのに、わけもなく涙が流れ出てきた。

涙の意味を考えようにもわからない。

ただ、つぎからつぎへとあふれ出る涙。

般若心経を唱えようにも、震えて声にならず。

そのとき、突然、わかった。


「感謝」


この2文字が目の前に電光掲示板のように現れた。

そうか、感謝だったのか。

この世の中は、この宇宙は、感謝でできているのか。

いままでの人生も、そしてインドに着いてからの殴られ、お金を取られ、踏んだり蹴ったりの出来事も、すべて感謝なんだ。

そのことに気がついた、いや、そのことを「体験」した瞬間、目の前の景色が一気に変わった。

しいて言うなら、**これまで白黒だった世界が突然カラーになったような。平面だったのが立体になったような……。**

とにかく強烈な体験で、世の中の、この宇宙の仕組みがすべてわかった。

感謝なんだ。目の前に起こったいいことも、そうでないことも、すべては感謝なんだ。

だったらなにがあっても「大丈夫」じゃん。

ありったけの涙を流し、後は落ち着いて1000巻まで唱えて丘から降り、翌日にはデリーに戻った。

そして、無事実家からの送金を受け、旅を続けることができたわけ（くわしくは拙著『宇宙となかよし』参照）。

さとりの前にはいろいろある

この体験を通して伝えたいことは、この宇宙は感謝で成り立っていて、つまりはなにがあっても大丈夫。

だけどやっぱり、さとりの前にはいろいろあるってことかな。

「ストレス→リラックス」の度合いが強ければ強いほど、さとりの度合いも大きくなる。

だから、もしいま、すごくつらいことがあったり、どうしてもかなえたい願いの前にもがいていたりするなら、なにも心配ない。

大変なこと、つらいことっていつか終わるでしょ。

そして気がつけば、前よりよくなっている……なんてこと、これまでもずっと経験してきたでしょ。

10年前の悩みって思い出せる?
ちょっと考えたんじゃないかな。
少なくとも、いまもその悩みって続いている?

普通はないでしょ。あったとしても、ちょっと長引いているだけ。
そのうち忘れる日が来るから。
そして忘れたときって、間違いなく当時の自分よりも成長している。
だからいま、つらくても大丈夫。
そのうち、忘れるから。
願いがかなわなくても大丈夫。
そのうち、かなうから。
それよりもさあ、「いま」を味わい尽くしましょうって言いたいわけ。

オレの人生って確かに30代前半くらいまではダメダメだったけど、ひとつだけ自分でほめたいことがある。

それは、**自分の人生をとても大切にしていた**ってこと。

ニートだったけど、なんとかもがいて月収12万の会社に入ったのも、自分のことが大切だから。自分のことが好きだから。

4年半勤めて、めちゃくちゃキツかったけど、なんとかがんばって、だけどこれじゃあオレの人生あんまりだと思って退職したのも、自分のことが大切だから。

インドに行ったのだってそう。とにかく動いていたかった。
動いているかぎり、なんかあるんじゃないかって。
10年間も毎日欠かさずブログ書くのもそう。
書いていたらなんかあるんじゃないかって。
すべて自分を大切にしていたから。
「引きこもって文句ばかり言う人生なんて、ぜんぜん自分を大切にしてないじゃん。
オレの可能性って、もっとあるでしょ」って。

いまにして思うと、やっぱり動いたら動いただけなんかある。

第三章で宇宙はエネルギー等価って話したけど、**やみくもであろうと、動いたら動いただけ周りも動く。**そしたらなにかが変わる。

そうやって動きまくっていたら、そのうち、「な〜んだ」ってわかるときがくる。

それがオレにとってインドでのさとりだった。

そして帰国して、いろいろあったけど、いまこうやってあなたにメッセージを伝えることができている。ほんと奇跡。

だから、動こうぜ。人生を、いまを、味わい尽くそうぜ！

人生で大切なことは滝行が教えてくれた

オレは感謝しかない世界を見たわけだけど、ほんとね、**産まれる前の羊水を思い出したみたいだった。**

じつはこのさとりの世界、インドから帰ってからもちょくちょく経験するようになった。

オレは、かれこれ10年ばかりライフワークとして滝行を続けている。

そう、滝に打たれる修行ね。一応、天台修験の導師の元できちんと作法習って修行しているんだけど、別に出家したわけじゃない。

ほんと、趣味の延長線上で楽しんでいる。もちろん真冬も。

オレが滝と出合ったのはまだサラリーマン時代の2004年8月のことで、当時はやっぱり現状の苦しさから逃げたいがため。

ま、いわゆる現実逃避。さっきから現実逃避ばかりしてるみたいだけど、それだけ苦しかった。それだけに、夏の滝行は気持ちがよくて、一発でハマってしまった。

一通り作法やお経も覚えて、先輩のお世話なしにひとりで入れるようになると、21日間とか100日間とかのちょっと本格的な「行」がある。

まじめに取り組むようになり、21日行と100日行を完遂することができた。

だけど、いくら回数を重ねても「慣れる」ってことがない。

だって、寒いものは寒いから。

なので、そのうちに「年間100日やります!」と言いながら、滝に打たれるのが段々とブルーになってきて、一時期はやればやるほど苦しくなるときがあった。


それでも、自分と約束した以上、やるしかない。

ブログにも「やる!」って書いてるし。もう、気合い入れまくって、とにかく「負けてなるものか!」と打たれるんだけど、相手は滝。

滝がオレごときにビビるわけなくて、いつも、ただ淡々と流れているだけ。

オレがどんなに威勢よく中指立てても、顔色ひとつ変えずに流れている。

これはかなわん。


そこでつぎは、ちょっとテクニックに走ってみる。

たとえば心理セラピーの技法を用いて、滝に打たれている自分を客観視しながら、そこにユーモラスな音楽を流してみるとか。

もちろん実際に流すわけではなく空想上だけど、そうやってると、ちょっとは気がまぎれる。だけど、それもしょせんはごまかし。

そんなスキルに走るのも疲れて、結局、また苦しくなるだけ。

もうね、気合い入れてもダメ、スキル使ってもダメ、もう為す術《すべ》なしって感じ。

だけど、今日も入るしかない。**ほとんどあきらめの境地で入った。**

いつものように祝詞、お経、真言を唱えて、最後に印を組んで出るんだけど、その日はなぜか苦しさがない。

氷点下に近い気温だったにもかかわらず。むしろ気持ちがよかった。

不思議に思って、その翌日も同じようにあきらめの境地で滝に入ってみた。

するとやっぱり苦しくない。

あ、そうだったのか。あきらめることなんだ。

正確に言うと、身体の力を思いっきり抜いて、深く息を吐き、ただあるだけ。逆らわない。

いままでなぜ滝が苦しかったのか。それは力が入っていたから。

あきらめの境地で滝に入れば苦しくない!

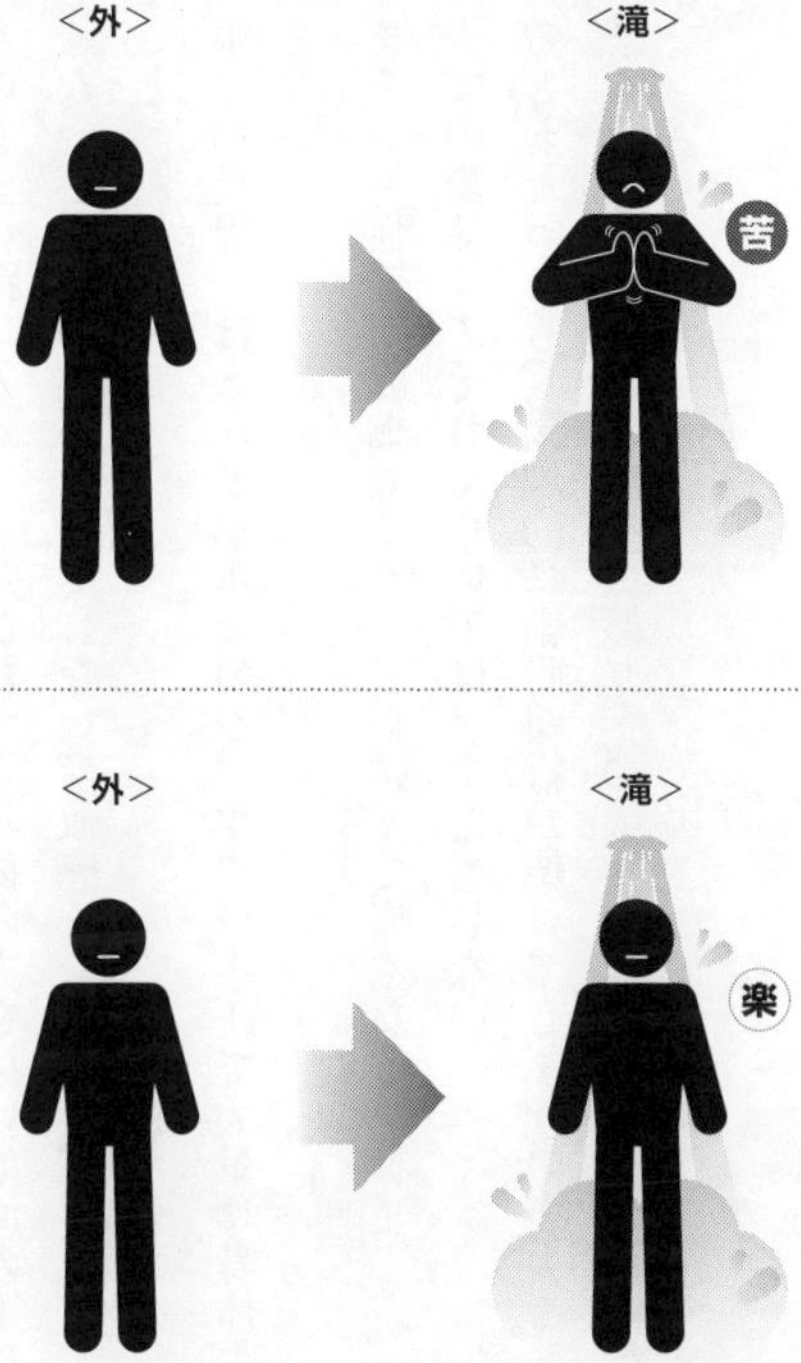

滝と戦ってやろうと、筋肉がガチガチだったから。

それで、息まで苦しくなって、さらに頭や肩まで痛くなる。

一方、ただそのままに滝に入る、ただひたすら身体の力を抜いて滝の下に立つ。

すると苦しくないどころか、いままでにない解放感まであった。

そこでまたさとった。

確かに滝の中は別世界。ほとんど氷水なのが、すごい水圧で大量に身体にかかってくる。

身体は縮こまるし、血管が収縮してか、肩や頭まで痛くなる。

だけどね、**人間の身体ってそれくらいではビクともしない。**

火の中に入るとかだったら、物理的に細胞組織が焼けてしまうので大ごとだけど、滝くらいならまだ大丈夫（ちなみに「火渡り」の儀式も経験したけど、滝行の方がはるかに過酷）。

もし、それが大丈夫じゃないとすれば、それは自分の問題。

「滝＝冷たい、痛い、つらい」との思い込みで入ると、身体もそのように反応してしまう。

そこで、いざその思い込みを捨てて、もうあきらめの境地で入ると、身体は反応しない。よって、あまり苦しくない。結局、自分なんだ。

滝はいつも同じ。「差」を作ってるのはいつも自分だ。

息を止めて戦うのではなく、息を吐いてあきらめる

人生も同じこと。なぜ苦しいのか。

それは、世の中と戦おうとしているから。

世の中は常に「ただある」だけ。

その「ただある」だけの存在に、あーだこーだと意味や価値を付けたりして、さらには「大きいの、小さいの」「強いの、弱いの」「優れてるの、劣ってるの」とかって、すぐに「差」を付けては一喜一憂する。

全部自分の問題。だから苦しい。

では、どうすれば苦しみから解放されるのか。

それがまさに、**あきらめる。戦おうとしない。**

ただ、身体の力を抜いて、息をふーっと吐く。

その瞬間、本来冷たいはずの滝の中でさえも安らぎの場となる。

この「あきらめ」の境地にこそ、究極のリラックスがある。


この「息をふーっと吐く」って、どっかで聞いたよね？


そう、「秘伝」で息を止めながら願いを3回書いた後、一気に息を吐くこと。

理屈はまったく同じ。ストレスがあるときって、ほとんど息が止まっている。

真冬の滝でなにが苦しいかというと、それは冷たいとか痛いじゃなくて、息ができないこと。ほんとに。


なぜなら、滝の中って明らかに「変化」でしょ。

潜在意識は変化を嫌うから、一刻も早く滝から出ろって指令を出す。

その際、息苦しくしてしまうのが一番。

それを、意識的に大きく息を吸って、ふーっとゆっくりと吐く。

すると、自然と身体が緩みリラックスが訪れる。


ここでもう一度思い出してほしい。

人は息を止めるときにリラックスすることが不可能なように、息を吐くときにストレスを感じることは不可能。

息を吐くときにこそ、完璧なリラックスがある。

そしてそのリラックスの感じ方は、直前のストレスが大きければ大きいほど深くなるもの。


ヨガでも思いっきりストレッチをかけて、ゆっくり戻るときに息を吐く。

「あきらめる」とは、息を吐くこと。

息を止めて戦うのではなく、ただ、大きく吸ってゆっくり吐く。

その瞬間こそが、**生きながらにしてもっともさとりに近づく瞬間であり、産まれる前の羊水に包まれた絶対的安らぎを思い出すひととき。**

宇宙ボンベにまかせる

以前、嫁さんと沖縄で体験ダイビングに挑戦したときのこと。

オレも嫁さんもダイビングは初めてで、酸素ボンベで海に潜るのも初めての経験。

水中は空気のない世界。普通なら息を止めて潜るのだけど、酸素ボンベがあるから大丈夫、なはず。

オレはスーッと潜り、ムーンウォークを楽しんでいたのに、妻はなかなか潜ってこない。

ようは、嫁さんは泳げない上に極度に水が苦手で（海は好き）、**水の中に入った**

瞬間、「水中では息を止める」という思い込みを手放すことができなかった。

だから、ボンベがあるのに、息を止めっぱなしで潜ってこられなかった。


でもじつのところ、オレ自身も最初は怖かった。

だって、水中で呼吸するなんて産まれて初めての経験だから。

そのとき、オレに付いたインストラクターが一言こう言った。


「ボンベを信頼してください」

なるほど、ボンベを信頼か。

その言葉を聞いて、ボンベにまかせて呼吸をしたら、当たり前だけど普通にできた。

嫁さんは最後までボンベを信頼することができずに、水面でプカプカ浮きっぱなしだった。もったいない。


ただ、これは一概に嫁さんを笑える話じゃなくて、多かれ少なかれ、これと同じことをオレたちもしている。

だって、**日頃からストレス抱えて息止めてるじゃない。**

つまり、水中でボンベを信頼しない嫁さんのように、オレたちも日頃、なにかを信頼していない。それはなにか。まさに、

「宇宙」

オレたちは常に「宇宙ボンベ」なるものとつながって生きている。

だけどそれを完全に信頼しきってないから、いつも息を止めてストレスにやられてしまう。

もちろん願いをかなえるにはストレスの時期も大切。

だけど、**本当に願いをかなえる人は、ストレスがリラックスに転じることを知った上で、むしろストレス自体を楽しんでいるところがある。**

これは「宇宙ボンベ」を完全に信頼しきった状態じゃないと難しい。

願いがかなわない人は、「宇宙ボンベ」を信頼しきれずに、慢性的にストレスを抱えてしまっている。

輪ゴムを飛ばして遊んだことを思い出してほしい。

ゴムを引っ張れば引っ張るほど遠くに飛ぶように、**ストレスもかければかけるほど実現に転じやすい。**

そのストレスを言い換えると「行動（努力）」ってことになるんだけど。

引っ張れば飛ぶとわかってるから、引っ張る。

物理法則を信頼しているからこそ引っ張れる。

同じように、ストレスをかければかけるほどリラックスに転じて実現の度合いが高まるのも「宇宙法則」。**宇宙を信頼。宇宙におまかせ。**

実現する人と実現しない人の違いはつぎのページの図のような感じ。

実現する人は、意図的に大きくストレスをかけて、その反動で大きくリラックス

願いがかなう人と願いがかなわない人の違い

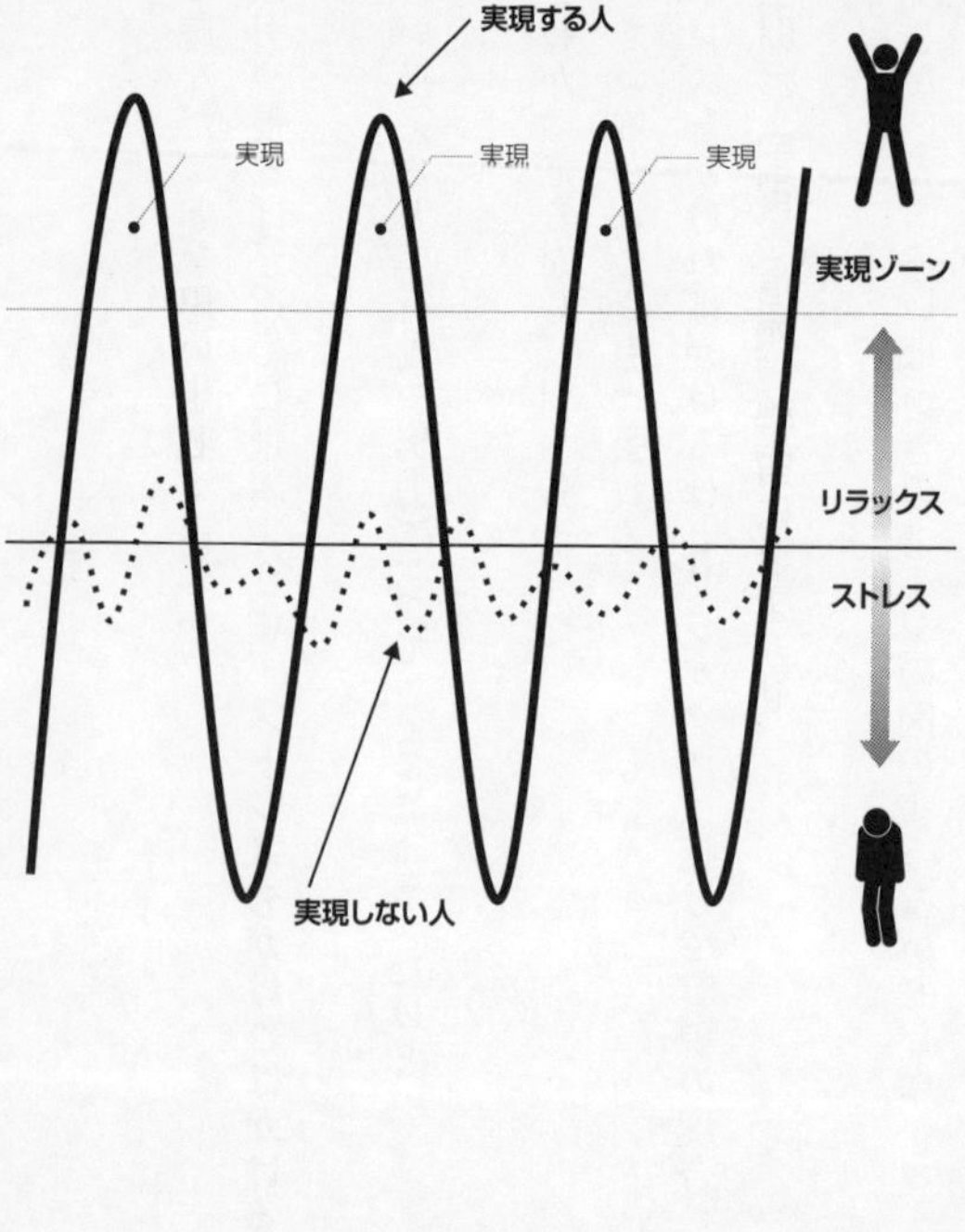

へと転じている。

このリラックスの先端には「実現ゾーン」なる領域があって、大きなリラックスがここを突き破ると願いはかなう。

このゾーンを別名「さとり」と呼んでいる。

一方で、実現しない人は、ストレスは小さいけれども、ふり幅も小さいからリラックスも小さく「実現ゾーン」を超えることはない。

だから、ずっとグダグダしてストレスが宿便のようにたまってしまう。

呼吸でいうと、ずっと浅い状態。そりゃ、苦しいでしょ。楽しくないでしょ。

ようは、願いがかなう人とかなわない人との違いは、この図を信頼するかどうかだけ。

もしよかったら、この図を手帳に書き写すか、壁に貼るなりして、毎日見てほしい。

そして、いま自分はどこにいるのかを見つけてほしい。

点線の「実現しない人」だったら、太線の「実現する人」にさっさと移ること。

また、もしいま大きなストレスにさらされていると思ったら、これから先、「実現ゾーン＝さとり」に向かって飛躍があると信じればいい。

願いをかなえるための現実的な行動は必要。

そこにストレスを感じたとしても、近々、「実現ゾーン＝さとり」に一気に転じることを信頼してがんばってほしい。きっとかなうから。

天使とチャネリング

宇宙を信頼する。

この場合の「宇宙」とは、「神」でもいいし、他にも「ハイヤーセルフ」「超意識」「守護霊・指導霊」「大日如来」「天使」「ご先祖様」など、いろんな呼び名があると思う。その人の文化や宗教、慣習、趣味にまかせて呼べばそれでいい。

オレは「宇宙となかよし」というブログをやっているように、「宇宙」が一番ピッタリくるからそう呼ぶ。

ようは、人間やこの社会を「超越」した存在のこと。


ところで、精神世界ではしばしばその「超越」なる存在とつながってメッセージを受け取ったりすることを「チャネリング」と呼んだりする。

これって、さも特殊なことのように思われるのだけど、けっしてそんなことはない。


チャネリングの瞬間は、誰だって日常的に経験している。

それはしばしば「インスピレーション」とか「ヒラメキ」って呼ばれているもの。


チャネリングっていうと、それらの「超越」した存在が姿かたちを現して、直接問答をしているように思われるんだけど、じつはそうじゃない。

問答形式の方がわかりやすいし、それっぽく見えるから、どことなく説得力があるだけで、単なる表現方法のひとつに過ぎない。

本当に姿が見えたり、声が聞こえたりするってのは、まあ単なる幻覚か病気の一種。

こんな話をするとスピ系の人たちから嫌われるんだけどね。

ただ、それでも一部のスピ系の人たちは、超越した存在からありがたいメッセージを受けたがる人も多くて、無条件に信じようとする傾向がある。

そんななか、オレは以前、「天使」とやりあったことがあった。

2011年3月11日の「東日本大震災」から5か月がたとうとするある日のこと。

SNS上でやたらとひとつの記事が拡散されていたので、なんとなく読みにいってみると、震災後、雨後の筍《たけのこ》のように頻発した「地震予言」に関するブログ。

またきたかって感じ。

当時はまだまだ大きな余震のある時期で、毎日のように誰かがどこかでネット上で地震予言をしていた。

だから、下手な鉄砲も数撃ちゃ当たるで、そのうちのいくつかは当たることもあっただろう。

そうやって当たるとにわかに注目されるから、ちょっとした教祖気取りにもなる。

もちろん、何度も当たるわけじゃないので、ほとんどが立ち消えるのだけど。


その日の予言ブログも、いつものことかとそのまま閉じようとしたのだけど、なんとすでに100以上のコメントが付いていた。

そして恐ろしいことに、そのコメントを読むと、ほとんどが「教えてくださってありがとうございます」との声。

その予言内容もこれまでにないほどに過激で、「スカイツリーがまっぷたつに折れる」とか「標高40メートルの成田空港が津波で沈む」とか、ちょっと笑ってしまえるような内容。

それにもかかわらず、本気で信じている人が多かったのにはマジでビックリ。

こんな馬鹿げた予言ごっこを信じ込んでしまうのも、大震災後のナイーブな時期ゆえのことか。

ただ、そのアホらしい予言ブログが異常なほど拡散されてしまったのは、それが「(自称)天使」によるメッセージだったから。

なんでも、その人の息子の夢の中で、「天使」とやらが教えてくれたんだって。

絶望的にアホらしい。

だけど、「天使」と言われると、どんなことでも盲目的に信じてしまうスピリチュアル・ファンも多いようで、コメント欄は気持ち悪くも感謝に満ちあふれた雰囲気。


それを見て、ブチ切れてしまった。

オレは、目に見えない超越した存在を語って、(悪気があろうがなかろうが)人々を不安に陥れる連中が大嫌いだ。

そこで、そのコメント欄にオレの電話番号を載せ、対話を求めたところから、2ちゃんねる(巨大掲示板)にまで飛び火し、オレのブログとあわせて炎上状態。

結局、その予言ブログ自体も、なんらかのセミナー集客のための話題作りだったことがわかり、予言日が来る前にブログは閉鎖。

もちろん当日は予言されたようなことはなにもなかった。


そしてオレはというと、「天使のメッセージ」にかみついたことに対して、多くの非難と、そして賞賛を受けたんだけど、そこで調子に乗って、

「オレが本物のチャネリングを見せてやる!」

と息巻いて、天使にちょっとアクセスしてみた。

するとその天使、なんて言ったかというと……、

「だ・い・じょ・う・ぶ」


の一言。たったそれだけ。

それ以上なにを聞いても、「大丈夫」と繰り返すだけ。

ようはなにがあっても大丈夫。それが「天使」の本音であって、まさにこの宇宙の真理じゃないか。

いうまでもないけど、「天使」が姿かたちを伴ってオレの前に現れたわけじゃない。それは正直に言っておく。

オレのチャネリングはいたって簡単。

ちょっと上の方を見上げて、単純に知りたいことを質問するだけ。

このときは、**「天使さん、天使さん、私たちの生活はこれからどうなるのでしょうか?」って聞いて、静かに目を瞑《つむ》ってジッとしてただけ。**

すると、どっからともなく、「大丈夫」って声というか、感覚が降ってくる。

もちろん自然現象なんだから、いつかは地震だって台風だってやってきますよ。

だけど、すべては「起こりうること」であって、人間がじたばたしても仕方ない。

もちろん備蓄なり対策は日頃から必要だけど、冷たい滝にわざわざ入って逆らっても無駄なように、この地球上で生きているかぎり、「起こりうること」は起こる。

だから、**できることはちゃんとやりながら、最終的にはおまかせするしかない。**

あきらめるしかない。

それを一言で言うと、「大丈夫」。

結局、なにが大嫌いかっていうと、占い師とかチャネラーとかって、たちが悪いのになるとすぐ人を脅すでしょ。

人間には防衛本能があるんだから、実際のところ、いい話よりも、危険な話、不安な話の方が反応するもの。

余談だけど、占い師として簡単に(金銭的に)成功する方法ってのがあって、それは単純に相手を脅すだけ。

病気になるだの、事故にあうだの、結婚できないだのって、相手を脅すようなことを言えば、信じやすい人だったらビビってしまう。

だから、どうにかしてほしいと思う。そこで、その占い師とやらが「この石を買えば大丈夫」とか言って、高額商品を押し売りすれば、まあなん割かは買うでしょ。

もちろん占い師がみんなこうだってわけじゃない。ほとんどがきちんとした知識と経験を伴って、人々を幸せに導いて活動している。

そして、そのような**本物の占い師は人を脅すようなことは言わない。**

スピリチュアルにかかわる仕事をしている人に対して、本物と偽物の線引きするところもここ。

本物はけっして人を脅さない。**偽物は10回のうち9回くらいはいいことも言うけど、1回の強烈なネガティブメッセージで人を陥れようとする。**

だから、それまでどんなにいいこと言われてても、一度でも脅すようなことを言ってきたら、その人には近づかない方がいい。

話を戻すけど、宇宙の真理は「大丈夫」の一言でしかない。

「大丈夫」と思っているから大丈夫なんじゃなくて、そもそも大丈夫なんだから。

だから、願いをかなえるときも、とにかく「やること」だけしっかりやって最後はおまかせする。宇宙を信頼する。

そこにつながってしまえば、なにをやっても怖くない。

結局大丈夫なんだから、やりたいこと全部やればいい。

必要以上に恐れる必要もない。

初公開！　残高わずかの通帳に奇跡の入金

こうやって、オレが宇宙の「大丈夫」を腹の底から理解したのは、２００５年のラダックの丘の上でのこと。そして天使のメッセージ。

ただ実際には、いくら「大丈夫」と言っても、目の前の現実生活に対しては確かに困ることもあった。

たとえば「残高」なんかは、やっぱり現実を直撃するもんね。

たとえばつぎのページの画像。めちゃくちゃ恥ずかしい話だけど、２００６年2月のオレの通帳残高。新生銀行。そのまんまのリアルページ（個人名は処理）。

2月21日の段階で全財産が１万６６６5円しかない。

取引日	照会番号	摘要	お支払金額	お預り金額	残高
2006/02/28		ATM 現金出金(提携取引)	64,000		270,325
2006/02/27		振込・振替:NPO		299,160	334,325
2006/02/27		ATM 現金出金(提携取引)	2,000		35,165
2006/02/26		ATM 現金出金(提携取引)	2,000		37,165
2006/02/24		ATM 現金出金(提携取引)	50,000		39,165
2006/02/23		ATM 現金出金(提携取引)	1,000		89,165
2006/02/23		振込・振替:		36,750	90,165
2006/02/22		振込・振替:		36,750	53,415
2006/02/21		ATM 現金出金(提携取引)	1,000		16,665

で、その日の生活費として１０００円とか２０００円をちょくちょくおろしながら生活していて、普通だったら焦りまくるとこ。

しかも、こうなることは2月頭の段階でわかっていた。

だけど、このとき、1月から4月まで「１００日滝行」ってのに挑戦していて、どうしてもやり遂げたかった。

月末には家賃も払えなくなることがわかっている。

ヤバい。ピンチだ。

そんなとき、オレには最後の手段がある。

「おばあちゃん、助けてくれや」

そもそも「大丈夫」なので、宇宙におまかせしとけばいい。

だけど正直、宇宙といっても普通はそんなに臨場感ないでしょ。

そのときは、**宇宙に代わる超越した存在にお願いすればいい。**


オレの場合は亡き祖母（母方）。

オレが20歳くらいのときに天国に行ってしまったのだけど、子どものころは本当にめちゃくちゃかわいがってもらってた。大好きなおばあちゃん。

お菓子とかおもちゃとか、いろいろ買ってくれたし、両親に内緒で小遣いをもらったことも一度や二度じゃない。

それでいて、オレにはめちゃくちゃ甘いながらも曲がったことが許せなくて、いわゆる「や」のつく怖い風体のおじさんに対しても、平気で文句を言うような頼もしいところがあった。


だから、いざとなったらおばあちゃんがどうにかしてくれるってのは、なぜだか亡くなってからますます実感するようになっていた。

だからこそ、お金がピンチのとき、空を見上げていつもおばあちゃんにお願いしていたし、もちろんいまもしている。

すると、どこからともなく「よっしゃ」という声が響き、気がつけばいつもピンチ脱出。本当にそんなことの連続。

なぜ、そんなにうまくいくのかわからない。だけど、一度の例外もなく、毎回、毎回、助けてくれている。

ちなみに、そのときはどうなったか。

見ての通り、2月27日……ってじつはオレの誕生日なんだけど、**30万円近いお金が振り込まれた。**

まさに奇跡が起こったのだけど、別にあやしい話じゃない。

その前年に辞めた会社は建設コンサルタントという業種で、いわゆる「まちづくり」の業務を役所から請け負う仕事だった。

当時は「平成の大合併」と呼ばれる市町村合併の大ラッシュ。

そこで佐賀県のある町が3月1日から合併するので、それに伴う必要書類を急きょ作成してくれと、会社時代にかかわりのあった「まちづくりNPO」へと依頼があった。

そこで、会社を辞めてブラブラしてそうなオレに声がかかり、2月の半ばに話があって、2回ほど会議に出て、必要書類を作成してすぐに納品。町も合併前なので急いでNPOに支払い。そこからオレにも作業料として入金って流れ。ふう、助かった。

どうしようもなかったら祈ればいい

人によってはおばあちゃんじゃなく、おじいちゃんだったり、お父さんだったり、お母さんだったり、もしかしたらペットでもいいかもしれない。

生前から自分を守ってくれていた頼もしい存在を思い浮かべて、**一生懸命にお願**

いするとなんとかなるかもしれない。

それでももし、頼もしい人が思い浮かばなかったら、顔を知らないご先祖様でもいい。なんだかんだいって、本当は誰だって子どもや孫はかわいいもの。

すごく怖い両親で、愛情など感じられなかったとしても、人間の赤ちゃんはひとりじゃ生きられない以上、誰かが面倒を見たからいまの自分がある。

それだけは絶対に否定できない事実だから。誰かがいたから私がいる。

その「誰か」とは多くの場合両親だし、その両親にもまたそれぞれの親がいて、さらにその親がいて……と延々とご先祖様をさかのぼる。

だから、ご先祖様ってのはいつでもどこでも見守ってくれている。

そんなこと確かめようもないけど、オレはそうやって信じて生きている（霊とかは信じてないけどね）。

そんな超越した、絶対的に自分を守ってくれている存在……つまり「宇宙」のことだけど、リアルに実感できなくてもご先祖様などを感じることができたら、後はどんなささいなことでもいい。最後は結局、祈り。

「祈る」だけ。

以前、エジプトを旅しているとき、ダハブという海のきれいな街でひとりの日本人男性と出会ったときのこと。

彼は、会社をリストラされあいた時間で旅行に来ていたのだけど（メインはシナイ山とエルサレム）、慣れない一人旅に苦労しながら、オレが通りかかったとき3人くらいのエジプト人からめちゃくちゃにお金をぼられそうになっていた。

そんなことは長く旅をしていると日常茶飯事。

同じ日本人だし助け舟を出すと、すごく喜んでくれて、その日は彼のもつ日本のレトルトカレーと味噌汁《みそしる》でパーティになった。

そのとき、すごく印象的なことを言っていた。

「ボクには祈りがあるから、大丈夫」

彼は敬けんなクリスチャンだったけど、その確信に満ちた言葉は、無宗教なオレをも妙に感動させるものがあった。

そしていま、その言葉は特定宗教を超えた真実であることを実感している。

ようするに「大丈夫」ってこと。これが真実。**どうしようもなかったら祈ればいい。**

だから、いまならこうも言える。

「オレ？　大丈夫だよ！　だって『祈り』があるから！」

超古代文明が滅びた理由

そんなわけで、最終的には「大丈夫」だけど、それでも生きているといろいろあるよね。

つらいこと、苦しいこと、うまくいかないこと、などいろいろ。

だけど、それがあるからこそ「人間」でもあるんだし、そのような逆境が自らを「成長」させてくれているのもまた事実。

ノーベル文学賞を受賞したアイルランドの詩人、W．B．イェイツはこんなふうに言っている。

「幸せとは、成長のことである。人間は成長しているときこそ、幸せなのだ」

激しく共感。精神的にも、魂的にも「成長」するには、リラックスだけじゃなくて、ストレスが不可欠だって話はしたよね。

そもそも「大丈夫」な世界なんだけど、**オレたちが幸せを感じ、そして魂を成長させるために、あえて「苦」ってものが用意されているだけ。**

ところで、この地球上にはかつて「超古代文明」と呼ばれる高度に発達した文明があったという人がいる。

その真偽はわからないけども、仮にあったとしても、まあ、滅びて当然。

超古代文明肯定派の人たちの多くは、そこには現代文明には到底考えもつかない科学技術や生活様式があったと主張する。

その世界にはもはや病気もなく、食糧問題、エネルギー問題など、現代社会が抱えているあらゆる問題がそこには存在しない。

当然、「苦」の概念もなく、ゆえにストレスもない。

一定の寿命で死に、地球上には常に一定の人口に自然制御されたシステムがあるのみ。

食べたいときに食べたいものを食べ、どんなに食べても太ることもない。

もちろん戦争も貧困もない。「苦」がまったく存在しない、完全なユートピアがそこにあったという。

でもね、そんな世界が長く続くはずはない。

オレが小学生のころ、ファミコンが流行《はや》ってて、その中で「ゼビウス」ってシューティングゲームが大好きだった。

画面の上から敵がやってきて、攻撃をよけながら撃ち落とすだけのシンプルなゲーム。ただ、当時にしてはグラフィックなど凝ったつくりで、毎日興奮しながら遊んでいた。

そんなある日、ファミコン雑誌に「無敵モード」なるコマンドが紹介されていた。

一定の操作をすると、敵や玉にぶつかってもやられない無敵のモードになる。

さっそくそのコマンドを試してみると、確かに無敵。

これまで難しくて進めなかったステージにもすいすい進める。

最初は大興奮。だけどやっているうちに、ある重要な事実に直面した。

ぜんぜん楽しくないじゃねーか。

間もなくリセットボタンを押したことはいうまでもない。

超古代文明もこれと同じこと。

オレたちは「苦」を避けたいと願いながら、本当に「苦」のない世界に生きるこ

となどできっこない。

完全なるユートピアに生きた人々も、最終的にはリセットボタンに手をかけるしかなかった。

人々がこれ以上この世に生きつづけるのは無意味だと知ってしまえば、種の保存にかかわる遺伝子がオフになり、新たな人間も産まれず、そのまま自然に滅びるだけ。

苦があるから生きている

ようは、オレたちは「苦」があるから生きているわけ。

願ったり、悩んだりして、ストレスを受けるからこそ生きていられるわけ。

だからこそ生きる価値があるんでしょ。

この人類の歴史も、とくにこの200年ほどはめまぐるしく変化してきて、生活はますます便利になり、技術や医学の進歩によりつぎつぎと病気を克服し、それだけ寿命も延びまくった。

その進歩に比例して戦争だって格段に減っている。

もちろん、世界にはまだまだ貧困もあるし、争いだって終わってない。

それでも、けっして遠くない将来、現在抱えているあらゆる問題を克服し、かつての超古代文明のような完全なるユートピアを実現する日が来る。

それが人類にとっての究極の「願望実現」なわけだから。

でも、そうなると人類はまたもリセットボタンに手をかけるしかなくなる。

そうやって文明が滅び、また、数万年、数億年後に新たな文明が誕生しては滅び、その繰り返し。

もちろん、オレたちが生きている間はリセットボタンに手をかけるようなことはないだろうけど。

ただ、それでもこの宇宙は「大丈夫」なわけだし、「苦」があるのもまた楽しいじゃない。

つくづくいまっていい時代。とくに日本は。

なんだかんだいって生活も便利になってるし、細かいことはあれ、物質的にも精神的にも、一昔前と比べて確実によくなってるでしょ。

そしてこれからもどんどんよくなる。

だからいま、思う存分に「苦」を楽しみましょうよ。

そんな時代に生きていることに感謝しかない！

宇宙はあなたを成長させたがっている

「秘伝」を続けていると、願いをかなえるための道筋が見えてくることがある。

第二章で、それを「気づき」と呼んだ。気づきの瞬間、ノートに赤色でサッと書いておく。

しかし、時にはその「気づき」がいまの自分の安全領域を超えていることだって

ある。たとえばオレなんかだと、

・株式会社を設立しろ！
・いますぐ企画書を郵送しろ！
・徹底的に部屋の掃除をしろ！
・セラピストの養成講座に申し込め！
・ラダック（インドのチベット）ツアーを開催しろ！
・「R－1ぐらんぷり」に出場しろ！
・12時間連続耐久セラピーをしろ！
・スカイダイビングに行け！
・ボクシングを習え！
・オーストラリアで開催されるセミナーに参加しろ！

などなど、いろんな「気づき」がやってくることがある。
正直、お金や時間、大きな勇気が必要なこともある。

現状維持を求める潜在意識は大きく抵抗している。

だけど、そこが分岐点。

やるか、やらないか。やれば大きく前進することは、なんとなくわかる。

でも、怖い。どうしよう。聞かなかったことにしようか……。

誰だってそうやって迷うことはある。

だけどもし、絶対に「大丈夫」だとしたらどうか？

根拠なんかない。「宇宙」が絶対的に大丈夫だと言っている！　だったら「やる」しかない！


もちろん、もしかしたら「失敗」するかもしれない。

たとえばオレなんか、2014年1月に「R-1ぐらんぷり」ってお笑いピン芸人日本一を決めるイベントの福岡予選に出場したのだけど、一回戦で見事に大敗。

大恥かいたし、それまでの準備はまったく時間の無駄だった。

出場しなければよかったか？

結果は確かに「失敗」だったかもしれない。だけど、いうまでもなく出場してよかった！　なぜなら、**「成長」できたから。**

とくに「秘伝」を続けていると、「気づき」に対するアンテナが発達して、安全領域を超えるメッセージがしばしばやってくる。

試験を受ける、セミナーに参加する、新しい事業を始める、会社を辞める、思い切って投資する、結婚する、離婚する、やったことないことをする……など日々いろんな「挑戦」が立ちはだかるかもしれない。

それをやったからといって、必ずしもうまくいくとはかぎらない。

だけど、**宇宙の目的はあなたを一時的に成功させることではなく、「成長」させること。**

「転ばぬ先の杖」を捨てろ！

「転ばぬ先の杖」ってことわざがあるけど、失敗しないようにいつも杖をついて歩く人生なんて、どうよ。

金メダリストって、その業界では大成功者。

だけど、彼ら彼女らは失敗を一度もせずにメダリストになったのか？

あり得ない。人一倍失敗を繰り返して、そうやって成長して勝ち取ったメダル。

それはスポーツにかぎらず、ビジネスでも、さらに婚活でも同じ。

人間は成長してナンボ。成長こそが幸せ。だけど、**失敗なくして成長もない。**

だから言いたい。


「杖を捨てろ！」


もちろん誰だって弱いときはある。

杖でもなんでもすがりたくなることはある。

オレだってサラリーマン時代、その苦しさから逃れるために「スピリチュアル」の戸を叩いた。それで救われた、癒された。

苦しいなら、杖をつくなとは言わない。なにかにすがってもいい。

だけど、もしも本気で進みたいなら、つぎは杖を捨てる勇気が欲しい。

願いをかなえる、望み通りの人生を送るには、杖なんかに頼ってられない！


もしかしたら転ぶかもしれない。

だけど、意外と痛くなかったりして。転んでもこんな程度だったら問題ないな、と思えれば成長。

だけど、めちゃくちゃ痛かったらどうなる？　骨が折れたら？

そんなときは病院に行って治せばいい。そしてつぎからちょっと気をつければいい。それもまた成長。どっちにしても大丈夫。


杖を頼りにする人生なんてゴメンだ。

赤ちゃんだって、必死で身体をひねって寝がえりを覚え、顔を上げてハイハイで進み、そして立ち上がろうとする。

両手を高く上げながら二本足で前に進もうとする。

そして転ぶ。だけど、また立ち上がる。2歩進んでまた転ぶ。次に3歩進む、10歩進む。また転ぶ。だけど、また立ち上がる。その繰り返しで成長する。

そんな赤ちゃんに杖など渡したら、泣きわめいて嫌がる。

「ボクの足で歩くんだっ！」

って。

だから、あなたもまた「赤ちゃん」であってほしい。

みんなが応援してる。宇宙も応援してる。

転んでも大丈夫。オレでよかったら、いつでも肩を貸すから！

だから、杖を捨てて立ち上がれ！

歩け！　そして、転べ！　そして、また立ち上がれ！

絶対、大丈夫だから。やるしかない。

願いをかなえるには、安全領域を超えなくちゃならないこともある。

だけど、人生いろいろ。願う人生も、そうでない人生も、どっちでも大丈夫。
どっちを選ぶ？「願う！」を選んだ人は、大きく「はい！」と言って！
いまこの瞬間、あなたの「願い」は実現に向けて大きく前進した！　おめでとう！

どう？　楽しいでしょ！　テンション上がるでしょ！
もうね、どんどん楽しんでいいんです。人生は楽しむためにあるんだから！

杖を探してグズグズしてるような人生とかクソ！

とにかく、やってやってやりまくれ！　行きつくとこまで行きまくれ！

人生は常に「いま」がスタート！　願いなんて普通にかなう！

大丈夫！　なにがあっても大丈夫！
宇宙はいつでもあなたのことを全力で愛してるのだから！
あなたの人生に乾杯！　おめでとう!!!!!!!

エピローグ
素直に願えば、願いはかなう！

しばしば、「さとり」は「眠り」に似ている、といわれる。

その心は……突然、勝手にやってくるから。

たとえば「さあ、眠ろう！」と思っても、「いち、に、さん、ぐ〜」って具合にはいかず、いつの間にか眠っていた、ってのをこれまでの人生で毎日繰り返してきたはず。

それと同じように、「さあ、さとろう！」と意気込んでも、思ったようにはさとれない。瞑想《めいそう》しても、座禅を組んでも、滝に打たれても、そのまま意図的にさとりに入れるわけじゃない。

ただし、眠りもさとりも、それなりの準備は必要だったりする。

眠りでいうなら、横になる、布団に入る、目を瞑《つむ》る、などがそうだ。

では、「さとり」だったらどうすればいいのか？

結論から言うと、それは「素直に生きる」こと。

じゃあ、素直ってなに？

草食動物にとっての素直とは、草を食べること。

肉食動物にとっての素直とは、肉を食べること。

シマウマに「もっと強くなれ！」と肉を与えてもどうしようもない。

ライオンに「もっと大人しくなれ」と草を与えてもどうしようもない。

シマウマだって肉を食いたいかもしれない、ライオンだって草を食いたいかもしれない。だけどあいにく、そうはなってない。

大切なのは、シマウマやライオンにしかできないことがあり、その役割をまっと

うすること。それが素直。

じゃあ、人間にしかできないことってなに？

それはね、「願うこと」。

人間以外のどの動植物も、ただ本能のプログラムのままに生きているだけ。
光合成して、草食って、肉食って、など。
だけど人間は、本能のプログラムから自由になった、地球上で唯一の生き物。
神さまの気まぐれなのか、もともと人間にもあった本能って機能をぶっ壊しやがった。

本能にしばられず、自由に生きてみる。これが人間らしい生き方。
そして、そのために与えられた使命が「願う」ってこと。
これからは、**素直に願って、人間らしい、そして自分らしい人生を歩んでいけば**

いい!

でも、願っていると、いまの自分とのギャップに苦しめられ、逃げたくなることもある。それでも願ってみる。

すると、ふっと力が抜ける瞬間を体験し、願いがかなっていることに気づく。

それがまさに、さとりだったね。

その辺のコツがわかったら、これからの人生、めちゃくちゃ楽しくなる。

まさに喜びが巨乳化するかのごとし!

思えば、オレの人生も途中から、ほんとに楽しくなってきた。

がまんしないで自由を求め、そして素直に願いつづける。

そしたら、ほとんどかなっていた。

その「願う」を宇宙に届け、かなえてもらうためのもっともいい方法が言葉にすること。

そのひとつが、そう、「秘伝」だったね。

オレもう、ずいぶんと書きまくった。ノートにも書きまくったし、そしてブログにも書いて、吠《ほ》えまくっていた。

絶対に雇われないで生きるぞ！
月収100万円超えるぞ！
本を出版するぞ！
自由に旅行しまくるぞ！
いつも家族と楽しく笑って過ごすぞ！

そしたら、いつの間にか、そんな願いなどはるかに超えた自分がいた。
もう遠慮はいらない。シンプルに願って、そして言葉にしていこう！
言葉にしたら、しただけ、願いはかないやすくなる。

「秘伝」でもいい、ブログでもいい、飲んで語り合うのでもいい。

あれこれ考えずに、ただ、素直に願う、そしてときどき祈る。

ある瞬間、ぱ～んとなにかが弾《はじ》けて、かなってる自分に出会うから。それも突然、勝手に！

……ここまで読んで、「ほんとだね、素直に願えばいいんだね」と感じれば、その時点でもうOK！

どんな願いでもかなうゾーンに入っているから。

それでも、「いや、でもまだ納得できない！　かなってなるものか！」と抵抗するなら、どうしよう？

ま、とりあえずは100日間、「秘伝」でもやってみたらどうかな。

それでなにかが納得できたら、そして人生楽しくなったら儲《もう》けものでしょ。

とにかく、あれこれ考えずに、素直に願えばいい。子どものようにね。そして、この本を枕にでもして、ゆっくりおやすみなさい……。
もしかしたら、こびと、出てくるかもよ？

最後になるけど、オレはこの本、一生懸命書いた。
だから、ここまで読んでもらっただけでもうれしい。
だけども、もっともっとうれしいことがある。
それは、**あなたの夢や願いがたくさんたくさんかなうこと。**
もしよかったら、「夢がかなったよ～」って話、してほしいな～って思う。
オレ、人一倍テンション高いし、一緒になって喜びたいな～って思う。
そしてハイタッチしながら、ついでに一緒に巨乳化したいな～って思う。

最後の最後に。

この本が改めて文庫として世に出るためには、たくさんの読者さんのアツい思いと、そして関係された方々のお力あってこそ。

改めて感謝申し上げたいと思います。

ありがとう～ございやしたぁ～～～！

■参考文献

『いまここ――すべてがうまく流れ出す宇宙の絶対ルール』阿部敏郎（ダイヤモンド社）
『営業マンは「商品」を売るな！』加賀田晃（サンマーク出版）
『新しい交流分析の実際――TA・ゲシュタルト療法の試み』杉田峰康（創元社）
『あなたの「悩み」がみるみる消える24の方法』棚田克彦（大和出版）
『願いがかなうNLP』山崎啓支（サンマーク出版）
『自己実現への再決断――TA・ゲシュタルト療法入門』メリイ&ロバート・グールディング（星和書店）
『NLPコーチング』ロバート・ディルツ（ヴォイス）
『改訂新訳ライフヒーリング』ルイーズ・L・ヘイ（たま出版）
『その科学が成功を決める』リチャード・ワイズマン（文藝春秋）
『宇宙となかよし――天命につながる幸せ法則』石田久二（評言社）

単行本　二〇一四年　サンマーク出版刊
肩書き・データ等は刊行当時のものです。

サンマーク
文庫

夢がかなうとき、「なに」が起こっているのか？

2022年2月10日　初版発行
2022年7月15日　第2刷発行

著者　石田久二
発行人　植木宣隆
発行所　株式会社サンマーク出版
東京都新宿区高田馬場2-16-11
電話 03-5272-3166

フォーマットデザイン　重原 隆
本文DTP　山中 央
印刷・製本　中央精版印刷株式会社

落丁・乱丁本はお取り替えいたします。
定価はカバーに表示してあります。

ISBN978-4-7631-6130-7　C0130

ホームページ　https://www.sunmark.co.jp